（『裏の神諭』研修資料）

出口王仁三郎著

筆のしづく

出口王仁三郎（昭和７年１月19日、山代温泉にて）

出口王仁三郎（昭和８年頃）

出口王仁三郎（昭和８年12月26日、大阪分院蒼雲閣にて）

出口王仁三郎（昭和９年頃）

『筆のしづく』発刊について

大本の「開教」は、明治25年旧正月元旦、京都府何鹿郡《いかるがぐん》（綾部市）本宮町に住む開祖・出口直に艮《うしとら》の金神《こんじん》が突然神懸《かんが》かりして、三千世界の立替立直しを叫ばれた事に由来する。金神は、神の意志を精霊《せいれい》・稚姫岐美命《わかひめぎみのみこと》、出口直の手を通して「お筆先」を出され、明治26年の秋以降から大正7年の昇天まで、平仮文字で書かれた文書が半紙20万枚自動書記される。この「お筆先」を出口王仁三郎《でぐちおにさぶろう》（＝上田喜三郎）が漢字を当てはめ、区読点を付け、読みやすく容易にしたのが『大本神諭』・『表の神諭』と称して大本の教典となっているが、これは「おさとし」であり『霊界物語』の記述とは相違あるので教典ではないともされている。

この『神諭』には、艮の金神が三千世界の大洗濯、大掃除をすること。至仁愛《みろく》の神が天の初発《はじめ》の先祖、大国常立は地の先祖であるなど、預言、警告、役員信者への忠告、ロシアの侵略、直の人生の記録等、過去現在未来の有様を概括的に書かれている。そして国祖・艮《うしとら》の金神が厄神《やくじん》、祟《たた》り神として八百万神々から三千年間鬼門の方向に押し込められていた、それを神代のように表に現れて、太古の神政に立替えることを使命とするが、これは弥勒大神《みろくのおほかみ》が下生になられる先駆け、準備のためである。

一方出口王仁三郎は明治31年旧2月9日、丹波穴太（現亀岡市曽我部町穴太）の霊山・高熊山での一週間の修業（是を以て出口聖師の「開教」とする）により三千世界の神界 幽界 現界、過去 現在 未来の事象を霊的に体験し、下山後には猛烈な勢いでこの霊界体験記を多量に執筆され、明治32年の開祖の招請により綾部に上られる時、これらの書物を総て持参される。

しかし、草創期の大本は混沌としており、開祖の教と、出口聖師の教、そして金光教徒がそれぞれの思いを持っていた。

開祖の時代は「お筆先」であり、「経《たて》の教」と称しこれを正しく解釈するのは難しい。

それ故、出口聖師の教は、人間の尊厳に端を発するもので、古い宗教を改め世界的に新しい時代の宗教へと導くため、開祖の補佐役となって教理の執筆に力をそそいでいた。

この出口聖師の教を「緯《よこ》の教」と言い、三千世界宇宙の創造神、独一真神の真諦《しんたい》、神格を明らかにして、政治、経済、教育、宗教一切の立替立直しへの経綸、救世の神業を広く説き諭しそれを実行するためであるが、これに反対する者が多く妨害されながらも執筆を続けていた。

当時書かれた『表の神諭』に対する『裏の神諭』の中に「変性女子の御魂（王仁三郎）に、坤《ひつじさる》の金神を初め、数多の神霊憑りて、予言なり、警告なり、教理など書き誌されしもの数千冊ありけるが、明治36年と38（37）年の二回に渡りて、大本の役員等、変性女子が書きし物は、残らず乱世の根本なりと誤解し、一箇所に山の如く集め火を放ちて焼棄したるを以て、今は只一、二の確実なる人の手に在りし少部分が遺れるのみ」（明治36年9月10日　小松林命《こまつばやしのみこと》作）とある。

この外に大本草創期の出版物は、大正10年の第一次大本弾圧事件での当局の資料没収、『神諭』の全廃棄。昭和10年の第二次大本弾圧事件での出版物禁止、徹底した大量焼却があり、出口聖師の直筆のほとんどが喪失されている。また当時の特高が全国の警察署に大本関係の資料の収集を命令しながら、米軍が日本本土上陸前に全国の地方警察署にこれらの全資料の焼却を命じている。

日本の敗戦後、「愛善苑新発足」（昭和21年）の際、大本教団では資料の収集を行っているが、その行方には不明点が多い。

本書は明治36年と37年に執筆された「筆のしづく」の一部が、これらの難を逃れて機関誌『神霊界』大正9年9月21日号から10年3月号に連載された80項目を主体に、読売新聞社発行の『出口王仁三郎著作集　第2巻』に抄出された43項目を追加して、第一編と第二編に分けて掲載した。

明治4年に丹波穴太の極貧の農家の長男として生れた上田喜三郎が、出口家の養子となり、33歳の時に執筆された記録で、現代社会の暗部を照射する密意ある内容には見逃せないものがある。本書は『裏の神諭』の「研鑽資料」として出版しました。

本文の旧仮名を新仮名に、旧字体を新字体に出来る限り改め、総ルビを付け読みやすく、用語には本文中に（=○○）、章の末尾に―◆……―として説明を付けております。

当時の日本は、弱肉強食、侵略戦争の時代へと加速するその敵国はロシアであり、第二次世界大戦では欧米諸国が皆敵国となる。本書は、『霊界物語』口述前の記述で、如何なる極悪者をも救済して一人も漏らさない、宗教や人生の「生老病死」を考える一冊です。

令和6年10月18日　　みいづ舎編集

○思《おも》ふことありてと読《よ》みし言《こと》の葉《は》を
　大本《おほもと》の内《うち》とのみ見《み》るぞ憂《う》たてき　　王仁

もくじ

『筆のしづく』発刊について……Ⅰ

第一編　筆のしづ九（裏の神諭）

はしがき……3

筆のしづ九　第一章　一〜六　明治36年7月……4

筆のしづ九　第二章　七〜一二—二　明治36年7月……13

筆のしづ九　第三章　一三〜一九　明治36年7月……25

筆のしづ九　第四章　一九—二〜二七　明治36年7月……44

筆のしづ九　第五章　二八〜三二　明治36年8月13日……62

筆のしづ九　第六章　三三〜三八　明治36年9月8日……79

筆のしづ九　第七章　三九〜五九　明治36年10月10日……97

筆の滴《しづく》　第八章　六〇〜六二　明治36年10月3日……116

王仁旧稿より　筆乃し津く
六二（つづき）～八〇……150

第二編　筆のしづく（『出口王仁三郎著作集』第二巻）

筆のしづく　第一の巻　一～二十二　明治36年7月19日……177
筆のしづく　第二の巻　二十三～三十五　明治36年7月28日……195
筆のしづく　第三の巻　四十～五十二……212
筆のしづく　第四の巻　五十九～六十六……225
筆のしづく　第十四の巻（抄）百二十九～百三十一　明治36年9月26日……239
筆のしづく　第十五の巻（抄）百四十九　明治36年10月27日……247
筆のしづく　第十六の巻（抄）百七十七～百七十八　明治37年1月8日……248
出版関連略年譜……251
あとがき……257

第一編　筆のしづ九（裏の神諭）

はしがき

この『筆《ふで》のしづく』は、地《ち》の高天原《たかあまはら》の大本《おほもと》を始《はじ》め、支部《しぶ》会合所《かいごうしょ》なり信徒《しんと》の家《いえ》にて読《よ》みさえすれば、世界《せかい》の霊魂《みたま》が喜《よろこ》び集《あつ》まり来《きた》り、聴《き》き取《と》り、その肉体《にくたい》の人間《にんげん》に改心《かいしん》させるように書《か》き誌《しる》したるものなれば、数限《かずかぎ》り無《な》き霊魂《みたま》の為《ため》に筆《ふで》を染《そ》むるなり。

信者《しんじゃ》たるものは、この筆先《ふでさき》を読《よ》めば読《よ》む程《ほど》、功徳《くどく》を積《つ》むべし。己《おのれ》も改心《かいしん》し世界《せかい》の霊魂《みたま》も改心《かいしん》する故《ゆえ》、続《つづ》いて其《そ》の肉体《にくたい》が改心《かいしん》する故《ゆえ》、世界《せかい》は段々《だんだん》と神世《かみよ》の誠《まこと》に変《かわ》るのであるから、つとめて『筆《ふで》のしづく』を読《よ》むべし。其処《そこ》らに一人《ひとり》も人《ひと》は居《お》らいでも、幾万《いくまん》の霊魂《みたま》は常《つね》にこの『筆《ふで》のしづく』に守護《しゅご》して居《お》るから、唯一人《ただいちにん》でも読《よ》みさえすれば、霊魂《みたま》が喜《よろこ》ぶ故《ゆえ》、この上《うえ》の功徳《くどく》はないのである。信者《しんじゃ》たる者《もの》、霊魂《みたま》の供養《くよう》として、一枚《まい》にても読《よ》み上《あ》ぐるべし。

王仁三郎《おにさぶろう》世界《せかい》の供養《くよう》の為《ため》に、神《かみ》の御用《ごよう》のはそば〱に筆《ふで》を揮《ふる》い、大本《おほもと》の門口《かどぐち》が覗《のぞ》け掛《か》けた位《くらい》なことを、概略《あらまし》書《か》き誌《しる》し置《お》くものである。

明治36年7月

筆のしづ九　第一章

明治36年7月

（一）（『神霊界』大正9年9月21日号掲載）

（『出口王仁三郎著作集』第十七）

出口《でぐち》の教祖《かみ》は、明治《めいじ》25年《ねん》に綾部《あやべ》を世界《せかい》の大本《おほもと》、艮《うしとら》の金神《こんじん》（＝国祖・国常立命）の大本《おほもと》に致《いた》すと予告《よこく》され、屋敷《やしき》の内《うち》に万年青《おもと》を植《う》えられましたが、最早《もはや》その時節《じせつ》が出《で》て来《き》て、遠国《えんごく》からも参詣人《さんけいにん》が出来《でき》だしたのであります。万年青《おもと》という草《くさ》は、年《ねん》が年中青々《ねんじゅうあおあお》として色《いろ》も変《かわ》らず、何時迄《いつまで》も枯《か》れる事《こと》なき目出度《めでた》き植物故《しょくぶつゆえ》、今度《こんど》の神世《かみよ》の祝《いわ》い草《くさ》として植《う》えられ、又世界《またせかい》には大波乱大破裂《だいはらんだいはれつ》があるとて、一枚葉《まいば》の葉蘭《はらん》という草《くさ》を植《う》えられましたが、最早実地《もはやじっち》になりて来《き》て、東洋《とうよう》も西洋《せいよう》も大破裂《だいはれつ》や大破乱《だいはらん》が一日増《にちま》しに烈《はげ》しくなり、御神示《おしらせ》の儘《まま》が来《き》ておるのであります。

「出口《でぐち》の屋敷《やしき》には総金《そうきん》の茶釜《ちゃがま》と黄金《こがね》の釜《かま》が埋《い》けてあるから、掘《ほ》り出《だ》して世界《せかい》の宝《たから》に致《いた》すぞよ」と教《おし》えられてあるが、それも時節《じせつ》が来《き》て掘《ほ》り出《だ》すようになりたのであります。「総金《そうきん》の茶釜《ちゃがま》は、変性男子《へんじょうなんし》の身魂《みたま》の御事《おんこと》で、「黄金《こがね》の釜《かま》は変性女子《へんじょうにょし》」の事《こと》であります。

又龍宮《またりゅうぐう》の乙姫殿《おとひめどの》（＝海神〈わだつみ〉の神の娘）の御宝《おんたから》を、艮《うしとら》の金神《こんじん》（＝国祖・国常立命。地球の草創期、この地上を治めていた。しかし厳しい神政に艮の方向・鬼門に3千年間閉じ込められていたが、時節が来て明治25年再び出現される）がお預《あず》かり申《もう》す」と記《しる》されてありますが、これは日《ひ》の出《で》の神《かみ》（＝高御産霊神の御子・大道別の荒魂・奇魂。神界の経綸を守る神）の生《い》き魂《だま》（＝瑞霊真如・出口王仁三郎聖師）を預《あず》かりて、二度目《どめ》の世《よ》の立替《たてかえ》の御用《ごよう》に使《つか》うとの御心《みこころ》であります。

又氏神様《またうじがみさま》（＝綾部の熊野神社）のお庭《にわ》に、梅《うめ》と白藤《しらふじ》とを手《て》ずから植《う》え給《たま》いて、御礼《おれい》のしるしとなされて、「白藤栄《しらふじさか》えば綾部良《あやべよ》くなりて、末《すえ》で都《みやこ》と致《いた》すぞよ」と誓《ちか》い給《たも》う。その白《しら》藤《ふじ》は、清吉《せいきち》大人《うし》（＝開祖の次男。近衛兵。台湾で戦死とされるが、「死んでおらぬ」という謎がある。本文〈六三〉参照）が、須知山峠《すちやまとうげ》でひき抜《ぬ》き帰《かえ》り教祖《きょうそ》と共《とも》に神社《じんじゃ》の大庭《おおにわ》に植付《うえつ》けられたもので在《あ》ります。

（二）

（『神霊界』大正9年9月21日号）（著作集 第十八）

暑《あつ》さ凌《しの》いで秋吹《あきふ》く風《かぜ》を待《ま》つ間程無《まほどな》く冬《ふゆ》が来《く》る。釜《かま》の中《なか》で蒸《む》されるような苦《くる》しき暑《あつ》さを漸《ようや》く凌《しの》いで、やがて秋《あき》の空《そら》に向《む》いて、涼《すず》しき風《かぜ》が吹《ふ》いて、ヤレ〳〵まあこれで楽《らく》じゃと汗《あせ》を入《い》れておる間《ま》に、月日《つきひ》の経《た》つは矢《や》の如《ごと》く、知《し》らぬ間《ま》に冬《ふゆ》が来《き》て、木《こ》の葉《は》がハラ〳〵と散《ち》り去《さ》ってしまう寒《さむ》い嵐《あらし》は吹雪《ふぶき》と共《とも》に吹《ふ》き荒《すさ》み、草《くさ》は枯《か》れて木《こ》の葉《は》は腐《くさ》り、四方山《よもやま》は赤裸《まるはだか》になって何《なん》となく、心《こころ》が淋《さむ》しく悲《かな》しいようになって来《く》る如《ごと》く、この世《よ》も亦変《またかわ》るのである。

長《なが》き世《よ》に短《みじか》き生命《いのち》を持《も》ちておる人民《じんみん》が、近欲《ちかよく》に呆《ほう》けて我《われ》と我手《わがて》に身《み》を責《せ》めて、顔《かお》の色迄変《いろまでか》えて、欲《よく》に財産《ざいさん》を拵《こしら》えて、まあ楽《らく》じゃと一息《ひといき》すると、知《し》らぬ間《ま》に頭《あたま》は雪《ゆき》のようになり、腰《こし》は伊勢蝦《いせえび》のように屈《かが》み、歯《は》は秋《あき》の木《こ》の葉《は》と散《ち》り失《う》せて、堅《かた》いものは口《くち》に合《あ》わず、物食《ものく》うても味《あじ》は解《わか》らず、末《すえ》は追々《おいおい》と短《みじか》くなる許《ばか》り、やがて草場《くさば》の露《つゆ》と消《き》え行《ゆ》く果敢《はか》なき生命《いのち》、譬《たと》えの通《とお》り、「親《おや》辛《しん》労《ろう》子《こ》楽《らく》孫《まご》乞《こ》食《じき》、並木《なみき》の肥料《こえ》となる」憐《あわ》れさを見《み》て居《お》れんから、何時《いつ》迄《まで》も滅《ほろ》亡びぬ生命《いのち》と衰《おとろ》えぬ栄《さか》えを与《あた》えんがために、救《すく》いの道《みち》を開《ひら》かしめ給《たも》うたのである。

人《ひと》の真実《まこと》の宝《たから》とすべきものは田地《でんち》や金《かね》ではない、生命《いのち》でもない、位《くらい》でもない、万劫《まんごう》末代残《まつだいのこ》る宝《たから》は美名《びめい》のみである。その名《な》を残《のこ》すは、誠《まこと》の神《かみ》の道《みち》にもたれて、善《ぜん》を尽《つく》して、世界《せかい》の鑑《かがみ》となり、高天原《たかあまはら》に参《ま》い上《のぼ》り、人民《じんみん》の身魂《みたま》を洗《あら》い清《きよ》めて、全《まった》き人《ひと》とならしむることを、努《つと》むるを以《もっ》て、人生《じんせい》の第《だい》一の責務《つとめ》とすべきことである。誠《まこと》の神《かみ》にもたれ身魂《みたま》を洗《あら》い清《きよ》め水晶《すいしょう》に磨《みが》き上《あ》げて、神《かみ》の御傍《みそば》に至《いた》り、限《かぎ》りなき生命《せいめい》と限《かぎ》りなき楽《たの》しみを享《う》くる為《ため》に、肉体《にくたい》の生命《せいめい》の有《あ》るうちに信仰《しんこう》を励《はげ》むが肝要《かんよう》であります。

（三）

（『神霊界』大正9年9月21日号）（著作集 第四）

艮《うしとら》の金神《こんじん》変性男子《へんじょうなんし》の身魂《みたま》、若姫岐美《わかひめぎみ》（＝天照大神の妹神。神道では三重県の香良洲神社に祀られる。出口直の精霊）の命《みこと》出口《でぐち》の守《かみ》と現《あらわ》れて、この悪党《あくとう》な世《よ》を立替《たてか》えて、戦争《せんそう》も無《な》きように平《たい》らに安《やす》らにこの世《よ》をば心安《こころやす》き松《まつ》の神世《かみよ》として、万古不易《ばんこふえき》の世《よ》の元《もと》を開《ひら》き給《たも》うに就《つ》いては、一度《ど》は世界《せかい》の大《おお》洗濯《せんたく》がある故《ゆえ》、鬼《おに》の来《こ》ん間《ま》の身魂《みたま》の洗濯《せんたく》が肝要《かんよう》である。鬼《おに》の来《こ》ん間《ま》の洗濯《せんたく》バタバタという譬《たとえ》は今度《こんど》のことの戒《いまし》めである。

是迄《これまで》の強《つよ》い者勝《ものか》ちの世《よ》を洗《あら》い清《きよ》めて、松《まつ》の神世《かみよ》の出現《しゅつげん》するが最後《さいご》開《あ》いた口《くち》がふさがらぬような変《かわ》った事《こと》が出《で》てくるから、罪深《つみふ》き人民《じんみん》は心《こころ》の洗濯《せんたく》が肝要《かんよう》である。今《いま》の世《よ》は盲人同志《めくらどうし》が掴《つか》み合《あ》いをしておるのであるから、どちらも、怪我《けが》するばかり、これが世《よ》が逆様《さかさま》にでんぐり返《かえ》りておるのであるから、この世《よ》を元《もと》へ戻《もど》しなさるのであるから、人民《じんみん》は改心《かいしん》が一等《とう》である。

（四）

（『神霊界』大正9年9月21日号）（著作集十三）

「茅蜩《ひぐらし》の鳴《な》く声聞《こえき》けば月《つき》の夜《よ》になるは淋《さび》しき日《ひ》の出《で》を待《ま》つぞよ」その日暮《ひぐら》しの人間《にんげん》が仕事《しごと》が無《な》くなり、お飯《めし》の種《たね》が絶《た》えて来《き》てその日《ひ》が送《おく》れぬようになり、世界中淋《せかいじゅうさび》しく不景気《ふけいき》になり、泣《な》きの涙《なみだ》で暮《くら》す人間《にんげん》が増加《ふえ》える許《ばか》りで皆《みな》の者《もの》が、月夜《つきよ》に釜《かま》（鎌《かま》）を抜《ぬ》かれたような顔《かお》して、苦《くる》しみ悶《もだ》えることが、一度《ど》は来《く》るであろうが此処《ここ》を一《ひと》つ神《かみ》に縋《すが》りて凌《しの》いだら、新《あたら》しき松《まつ》の世《よ》が来《き》て、勇《いさ》むようになるから、早《はや》く日《ひ》の出《で》を待《ま》つぞよと仰《おお》せられたのである。

段々《だんだん》世《よ》が迫《せま》りて喰《く》うに喰《く》われぬ、餓鬼道《がきどう》が来《く》るかも知《し》れぬ故《ゆえ》に、今《いま》から倹約《けんやく》してその時《とき》の備準《したごしらえ》が肝要《かんよう》である。たんぽぽ・大根《だいこん》の葉《は》・蕗《ふき》・はこべ・芋《いも》の蔓《つる》・蓬《よもぎ》・南瓜《かぼちゃ》の葉《は》なぞは、茹《ゆ》でゝ干《ほ》して蓄《たくわ》えて置《お》けば、飢饉困窮《ききんこんきゅう》の時《とき》の助《たす》けになるから、この大本《おほもと》には常《つね》にその用意迄《よういまで》行《ゆ》き届《とど》いて居《お》るのである。

◆月夜に釜を抜く　明るい月夜に大事な釜を盗まれることの意から、ひどく油断して失敗すること。人生良くなると油断しがちであることの戒め。

（『神霊界』大正9年9月21日号）（著作集 第十六）

（五）

昔《むかし》から「おつむてんてん、しょうししょうし、あばばかいくりかいくり」というたとえは、今度《こんど》の大神業《こと》を神《かみ》が御知《おし》らせなされたのである。艮《うしとら》の金神様《こんじんさま》が世《よ》に御上《おあが》りなさる時《とき》のしるしに誰《だれ》いうとはなしに言《い》わせて来《き》なさったのである。「お頭《つむ》てんてん」と言《い》うて、頭《あたま》を叩《たた》くのは、末法《まっぽう》の世《よ》の上《うえ》に立《た》ちて好《す》きすっぽう仕放題《しほうだい》にして来《き》た人間《にんげん》の頭《あたま》を抑《おさ》えて、もうこれから上《うえ》へあがれぬように天《てん》から叩《たた》き付《つ》けられるぞとの戒告《いましめ》がさして人民《じんみん》に見《み》せてありたのである。「しょうし〳〵」と言《い》うことは、変性男子《へんじょうなんし》の身《み》魂《たま》がこの世《よ》の守護《しゅご》するために太古《むかし》から生《い》き代《かわ》り死代《しにかわ》りて、身魂《みたま》が苦労《くろう》してござると言《い》う事《こと》なり。

「かいくりかいくり」と言《い》う事《こと》は、この世《よ》が太元《むかし》の昔《むかし》の神世《かみよ》へかえるという事《こと》である。「あばば」と言《い》う事《こと》は、一旦《いったん》この世《よ》が潰《つぶ》れるという神示《しんじ》である。「あばゞ」は失望《しつぼう》落胆破滅《らくたんはめつ》を意味《いみ》するものであります。

（『神霊界』大正9年9月21日号）（著作集二十九）

（六）

今《いま》の世《よ》は各自《めいめい》にお猿《さる》の尻笑《しりわら》い（＝自分の事を棚に上げて、他人の欠点を嘲笑する愚かさ）で、一廉《ひとかど》の道徳家《どうとくか》とか、神様《かみさま》のように世間《せけん》から言《い》われておる善人《ぜんにん》でも、煎《せん》じ詰《つ》めて見《み》ると、随分屑《ずいぶんくず》が露《あら》われて、身勝手《みがって》や身贔屓《みびいき》が何処《どこ》かにあるものである。どうしても自己《われ》の事《こと》は悪《わる》く見《み》えぬもので、口先《くちさき》で上手追従《じょうずついしょう》言《い》うものを、どうしても喜《よろこ》んで諂《へつら》い人間《にんげん》が売《う》れ口《ぐち》が多《おお》い。真直《まっすぐ》な人《ひと》思《おも》いの人間《にんげん》は上手無《じょうずな》しに一本槍《ぼんやり》にドシ〳〵と我《わ》が身《み》を忘《わす》れて露骨《あからさま》にいうて気《き》を付《つ》けたり諫《いさ》めたりすると、あの仁《じん》は腹《はら》が悪《わる》いとか悪人《あくにん》じゃとか、邪神《わるがみ》の守護神《しゅごじん》であるとか、一も二も無《な》く言《い》いこなして、誠《まこと》の者《もの》のいう言《こと》は耳《みみ》に入《い》れて呉《く》れず、恩《おん》を仇《あだ》で返《かえ》す人許《ひとばか》りで、諂《へつら》い人間《にんげん》の追従言葉《ついしょうことば》は、猫《ねこ》に鼠《ねずみ》を与《あた》えたように喉《のど》を鳴《な》らして飛《と》び付《つ》いて、一《ひと》呑《のみ》に飲《の》み込《こ》んでニタくしておる暗《くら》がりの世《よ》の中《なか》である。

口《くち》で立派《りっぱ》な事《こと》を言《い》う人間許《にんげんばか》りで、誠《まこと》の行状《おこない》の出来《でき》るものは薬《くすり》にしたいと言《い》うて、探《さが》してもなかく無《な》いものである。誠《まこと》の者《もの》の諫《いさ》めることは皆悪《みなわる》く感《と》られて除外《じょがい》せられ叩《たた》き付《つ》けられるばかり、誠《まこと》の者《もの》は口惜《くや》しい事《こと》ばかりである。良薬《りょうやく》は口《くち》に苦《にが》し。真実《まこと》の薬《くすり》は飲《の》み苦《にく》いから、今《いま》の世《よ》は甘《あま》いものでさえあれば、前後構《ぜんごかま》わずに腸《ちょう》の腐《くさ》る迄《まで》飲《の》み込《こ》んでしまい、その癖口先《くせくちさき》で、甘《あま》い物《もの》は毒《どく》になる、苦《にが》いものは薬《くすり》じゃと言《い》うていながら、誠《まこと》の者《もの》の為《ため》を思《おも》うて言《い》う苦言《にがぐち》を、矢張《やは》り厭《いや》がる暗黒《くらがり》の逆様《さかさま》の世《よ》の中《なか》、一廉《ひとかど》の聖人《せいじん》と言《い》われる人《ひと》でさえ、身勝手《みがって》のあるもの、況《ま》して凡夫《ぼんぷ》の身《み》が何《なに》も判《わか》らぬは無理《むり》の無《な》いことである。吾《わ》れの足下《あしもと》の掃除《そうじ》からしておかねば、滅多《めった》に人《ひと》の事《こと》を彼此《かれこれ》言《い》う事《こと》は出来《でき》ぬ。猿《さる》の尻笑《しりわら》いと神様《かみさま》に笑《わら》われるばかりである。

明治36年7月

筆のしづ九　第二章

（七）

（『神霊界』大正9年10月1日号）（著作集第三十二）

鐘《かね》が鳴《な》るのか、撞木《しゅもく》（＝仏具の一。鐘・鉦〈たたきがね〉・磬〈けい〉などを打ち鳴らす棒。多くは丁字形をなす）がなるか、鐘《かね》と撞木《しゅもく》の間《あい》が鳴《な》る。神《かみ》と人間《にんげん》は丁度鐘《ちょうどかね》と撞木《しゅもく》である。鐘《かね》と撞木《しゅもく》と合体《がったい》して、音《おと》が発《で》るので、神《かみ》ありての人民《じんみん》、人民《じんみん》ありての神《かみ》である。

神《かみ》は鐘《かね》に譬《たと》え、人民《じんみん》は撞木《しゅもく》に譬《たと》うる。神《かみ》と人民《じんみん》の信仰《しんこう》の相俟《あいま》って誠《まこと》の神徳《しんとく》が発顕《あらわ》れるので、その音《おと》は即《すなわ》ち神徳《しんとく》である。その音《おと》は鐘《かね》から発《で》たのでも無《な》し、撞木《しゅもく》から発《で》たのでも無《な》く、持《も》ちつ持《も》たれつの力徳《りきとく》である。神《かみ》に縋《すが》りて力徳《りきとく》の無《な》いという人《ひと》は、何処《どこ》かにこの道理《どうり》に外《はず》れたところがあるので、神様《かみさま》の御業《みわざ》で無《な》いから、吾《わ》が身《み》の心《こころ》を考《かんが》えて見《み》て、神徳《しんとく》の貰《もら》えん訳《わけ》を調《しら》べて見《み》て神《かみ》を恨《うら》める事《こと》は出来《で》ぬ。心《こころ》の改心《かいしん》次第《しだい》でどんな利《り》益《やく》も与《あた》え給《たも》う故《ゆえ》、信仰《しんこう》は怠《おこた》ることは出来《でき》ぬ。信仰《しんこう》は正勝《まさか》の時《とき》の杖柱《つえばしら》である。

（『神霊界』大正9年10月1日号）（著作集 第五十二）

（八）

今《いま》の世《よ》の遣《や》り方《かた》は丁度《ちょうど》放蕩息子《ほうとうむすこ》の行《おこな》い同様《どうよう》である。放蕩息子《ほうとうむすこ》が血気《けっき》にまかせて、前《ぜん》後見《ごみ》ずに一時《いちじ》の欲《よく》を充《み》たさんために、郭《くるわ》へ浮《う》かれ込《こ》んで騒《さわ》ぎ舞《ま》わして、揚句《あげく》の果《は》ては梅毒《ばいどく》に感染《うつ》りて、身体中《からだじゅう》に毒《どく》がしみ込《こ》んで、骨《ほね》がらみになるのを知《し》らんと喜《よろこ》んでおるようもので、国民《こくみん》に浅薄《あさはか》な小理屈学問許《こりくつがくもんばか》りを稽古《けいこ》さして、日本《にほん》の国体《こくたい》に合《あ》わぬ事《こと》でもドシく教《おし》えて、神信心《かみしんじん》などは少《すこ》しも勧《すす》め説《すす》めぬ許《ばか》りか、信仰《しんこう》するものは迷信家《めいしんか》とか馬《ば》鹿《か》とか何《なん》とか、人間《にんげん》のように思《おも》うておらぬので、日本人《にほんじん》の愛国心《あいこくしん》が日《ひ》に増《ま》しに無《な》くなりて来《き》て、益々国《ますますくに》の内《うち》へ毒《どく》が廻《ま》わるばかり、是《これ》では日本《にほん》は亡《ほろ》びるより外《ほか》は無《な》いのである。

今《いま》の政府《せいふ》も人民《じんみん》も金《かね》さえありたら、国《くに》は立《た》ちて行《ゆ》く、神《かみ》も何《なに》も要《い》らんもののよう皆《みな》が思《おも》うて居《お》るが、神《かみ》が無《な》くてこの世《よ》が治《おさ》まるか。そんな精神《せいしん》ではこの世《よ》は続《つづ》くまい。日本《にほん》も最早梅毒《もはやばいどく》が骨迄《ほねまで》しみ込《こ》んで来《き》たから、潰《つぶ》れるより他《ほか》ないが、この国《くに》が潰《つぶ》れたら、肉体《にくたい》も霊魂《みたま》も行《ゆ》く所《ところ》が無《な》くなるから、今《いま》の内《うち》にこの日本《にほん》を、治療《なお》す薬《くすり》を天《てん》から御下《おくだ》しなされて在《あ》るから、日本《にほん》の人民《じんみん》はこの薬《くすり》を求《もと》めて、国家《こっか》の為《ため》に、尽《つく》さねばならぬので在《あ》る。その薬《くすり》とい言《い》うのは、三千世界唯一所在《さんぜんせかいただひとところあ》る、龍宮館《りゅうぐうやかた》（＝綾部の皇道大本）の高天原《たかあまはら》の変性男子《へんじょうなんし》（＝大本開祖・出口直）の御教《みおしえ》（＝当時は出口直の時代の教）が、この世《よ》の病患《やまい》を癒《なお》す薬《くすり》で在《あ》る。心悪《こころあ》しき人民《じんみん》が戴《いただ》けば、直《す》ぐに身魂《みたま》の洗濯《せんたく》が出来《でき》て来《き》て、善《ぜん》に帰《かえ》りて疫病《やまい》は全然癒《すっかりなお》る。

またこれを日本《にほん》の国《くに》に飲《の》ましたら、日本魂《やまとだましい》（＝すべての真・善・美を綜合統一した身魂。同情心と理性と大勇猛心の三者を合一したもの。その根神をみろく大神にます神素盞嗚大神と奉称する）がむくむくと興起《おき》てきて、日本神国《にほんしんこく》の本然《もと》の水晶国《すいしょうこく》に建替《たてか》わる尊《とうと》い天《てん》の御薬《みくすり》で在《あ》る。

（『神霊界』大正9年10月1日号）（著作集 第三十六）

（九）

今《いま》の世《よ》は表面《うわつら》はこの上無《うえな》く美《うるわ》しき世界《せかい》で、隅々迄《すみずみまで》よく行《ゆ》き届《とど》いて、天堂極楽世界《てんどうごくらくせかい》のように見《み》えるが、肝心《かんじん》の精神《せいしん》はさっぱり反対《はんたい》で、腸《はらわた》に蛆《うじ》が湧《わ》いて鬼《おに》が住《す》んで、その鬼《おに》が悪魔《あくま》の軍勢《ぐんぜい》を集《あつ》めて、人《ひと》の心《こころ》を悪魔《あくま》に従《したが》わしてしもうて、この世界《せかい》の隅々迄汚《すみずみまでけが》して、寸善尺魔《すんぜんしゃくま》というような、誠《まこと》の道《みち》の立《た》たん事《こと》に堕落《なり》ておる浅間敷魔道《あさましきまどう》の世《よ》を、太元《もと》の神《かみ》世《よ》に捻《ね》じ直《なお》して水晶《すいしょう》に立替《たてかえ》えるのは、神国《しんこく》に住居《すまい》しておる人民《じんみん》の任務《つとめ》めである。日本《にほん》は万世一系《ばんせいいっけい》の天津日嗣《あまつひつぎ》の大君《おおきみ》（＝大日本帝国の時代）の在《ま》し坐《ま》す、真実《まこと》に比例《たぐい》なき美《うるわ》しき神《かみ》の国《くに》であるから、大和魂《やまとだましい》と申《もう》す愛国心《あいこくしん》が最《もっと》も必要《ひつよう》である。日本人《にほんじん》は、外国人《がいこくじん》とは全然変《さっぱりかわ》りあぐれた心《こころ》と行状《おこない》を致《いた》さぬ事《こと》には、天地《てんち》に対《たい》して申《もう》し訳《わけ》がない国《くに》である。

日本人《にほんじん》でありながら矢張《やはり》り外国人《がいこくじん》に欺《ばか》されて、毛唐人《けとうじん》の真似《まね》ばかりして、我《わ》が国《くに》の国体《こくたい》に合《あ》わぬ個人主義《こじんしゅぎ》の外来教《がいらいきょう》に、少《すこ》し上《うえ》に立《た》つ狼狽《あわ》てものは、呆《とぼ》けて精魂《みたま》を抜《ぬ》かれて、日本《にほん》の精魂《たましい》は煙《けむり》になってしもうて、燈台下《とうだいもと》は真暗黒《しんのやみ》、真《まこと》に国《くに》の蛆同然《うじどうぜん》である。それに下々《しもじも》のもの迄《まで》ソロ〱と精魂《たましい》を抜《ぬ》かれて、五ツ六ツの子供迄日曜学校《こどもまでにちようがっこう》に通《かよ》わして、未来《みらい》の大丈夫《だいじょうぶ》を隆張《さっぱ》り耶蘇魂《やそだましい》に堕《お》としてしまうのは、我国《わがくに》の神明《しんめい》に対《たい》し奉《まつ》りて恐《おそ》れ多《おお》いのみならず、日本《にほん》を亡《ほろ》ぼす原因《もとい》となりて、実《じつ》に恐《おそ》ろしい事《こと》でござる。

日本《にほん》を占領《とろう》という計画《けいかく》で、耶蘇《やそ》を先駆《さきばし》りに弘《ひろ》げておるのを、日本魂《やまとだましい》の腐敗《くさっ》た人民《じんみん》が甘言《かんげん》に釣《つ》り込《こ》まれて、餌《え》をこうておるのである。外国人《がいこくじん》は針《はり》の先端《さき》に甘《うま》い餌《え》をつけて、日本人《にほんじん》というものの内《うち》の精魂《たましい》の抜《ぬ》けた鼻高《はなたか》の髭《ひげ》の生《は》えた陸地《おか》に住居《すまい》するところの、鰌《どじょう》や鯰《なまず》を釣《つ》るのが上手《じょうず》である。その釣《つ》り上《あ》げた鰌《どじょう》や鯰《なまず》を囮《おとり》にして、また上下《うえした》の幽霊人足《ゆうれいにんそく》を釣《つ》り込《こ》んで、日本《にほん》の人民《じんみん》を残《のこ》らず実《じつ》の幽霊《ゆうれい》にしてしもうて、日本《にほん》の国迄《くにまで》幽霊《ゆうれい》にする計画《たくみ》で、幾千万《いくせんまん》の金《かね》を抛《なげう》って、口《くち》に誠《まこと》とか博愛《はくあい》とか甘《うま》いことを申《もう》して、日本《にほん》に餌《えさ》をこうておるのを知《し》らずに、口車《くちぐるま》に乗《の》りて大和魂《やまとだましい》の種《たね》から奪《と》られてしもうて、アーメン〳〵と雨《あめ》が降《ふ》る程国《ほどくに》の中《なか》に毒《どく》を撒布《ま》いておるのを喜《よろこ》んで、尻《しり》の毛迄《けまで》抜《ぬ》かれて、眉毛《まゆげ》を読《よ》まれて呆《ほう》けておる人足《にんそく》は、日本《にほん》の為《ため》には、末恐《すえおそ》るべき獅子身中《しししんちゅう》の虫《むし》（＝内部にいて恩恵をうけながら、害をなすもの）というべき毒虫《どくむし》であるから、今度《こんど》は平《たい》げる時節《じせつ》が来《く》るのである。

（一〇）

日本《にほん》の国《くに》を亡《ほろ》ぼすものは、露国《ろこく》でも外国《がいこく》でもない。戦争《せんそう》よりも日本人《にほんじん》の精神《せいしん》である。支那人《しなじん》、インド人《じん》、イギリス、アメリカ、フランス、ドイツなぞの外国《がいこく》の霊魂《みたま》になりきっておるから、この霊魂《みたま》を本然《もと》の大和魂《やまとだましい》に立替《たてかえ》てしまわねば、日本《にほん》の国《くに》が続《つづ》いて行《ゆ》かんから、日本固有《にほんこゆう》の大和魂《やまとだましい》に復《もど》らねば、外国《がいこく》の御魂《みたま》では我神国《わがしんこく》は治《おさ》まりて行《ゆ》かんのである。

（『神霊界』大正9年10月1日号）（著作集 第三十八）

（一一）

虚言《うそ》を吐《つ》いたり、人《ひと》の目《め》を眩《くら》まして金銭《きん》を儲《もう》けても、その罪《つみ》というものは、天《てん》が許《ゆる》したまわぬ故《ゆえ》に、廻《めぐ》り廻《めぐ》りて右《みぎ》から左《ひだり》へ、前《まえ》から後《うしろ》へと皆抜《みなぬ》けてしまう。詰《つま》り骨折《ほねお》り損《ぞん》の労《くたび》れ儲《もう》けばかりで、此方《こちら》を騙《だま》した報《むく》いが彼方《あちら》で騙《だま》され、廻《めぐ》り行燈《あんどん》の罪科《めぐり》の積《つ》み合《あ》

（『神霊界』大正9年10月1日号）（著作集 第三十九）

いをして、今《いま》の商人《あきんど》は当然《とうぜん》じゃ、手柄《てがら》じゃ、甲斐性《かいしょ》じゃと思《おも》うておれど、神《かみ》から御覧《ごらん》になりたらそこの家《いえ》は罪科《めぐり》で悪魔《あくま》ばかりで、金《かね》は殖《ふ》えても病人《びょうにん》は絶《た》えず、小言《こごと》だらけで何《なん》とかかんとかいうて、また金《かね》の要《い》ることが出来《でき》て来《き》て、自己《われ》一代続《だいつづ》いたら関《せき》の山《やま》で、皆悪魔《みなあくま》が子《こ》の代《かわり》に潰《つぶ》してしまう。その悪魔《あくま》の種《たね》を蒔《ま》かぬように子《こ》や孫《まご》の為《ため》に信心《しんじん》して、水晶《すいしょう》の心《こころ》になりて、貪欲《どんよく》を捨《す》てゝ神心《かみごころ》にならねば末《すえ》の為《ため》にも悪《わる》いなり、第《だい》一我《わ》が身《み》の為《ため》に良《よ》く無《な》いから、早《はや》く改心《かいしん》して末《すえ》の善根《よきね》を蒔《ま》き付《つ》けて神徳《しんとく》を積《つ》まねばならぬ。

今《いま》の人民《じんみん》は、皆欲信心《みなよくしんじん》、我《わ》が身《み》よかれの願望《ねがい》であるから、神様《かみさま》は知《し》らぬ顔《かお》して見向《みむ》きもなさらぬ故《ゆえ》、御神徳《ごしんとく》があろう筈《はず》はなし。又御神徳《またごしんとく》が無《な》いというては他《た》の教会《きょうかい》に詣《さん》参《けい》して欲《よく》から騙《だま》されて、邪神《まがつ》を信仰《しんこう》して、日々天地《ひびてんち》にお気障《きさわ》りばかりして、罪科《めぐり》だらけで、我《わ》が身《み》の行《ゆ》く先《さき》は大《おお》きな山《やま》が出来《でき》て道《みち》が断絶《たえ》てしもうて、行《ゆ》く先《さき》は茨群《いばらむろ》より歩《ある》く所《とこ》が無《な》いようになっておりても、未《ま》だ気《き》が付《つ》かぬ呆《とぼ》け人足《にんそく》ばかり。可哀相《かわいそう》で見《み》ておれんから、天《てん》よりの命令《めいれい》で世界《せかい》の人民《じんみん》を改心《かいしん》さして助《たす》けるために、艮《うしとら》の金神様《こんじんさま》が今度《こんど》愈々《いよいよ》現《あらわ》れなされて、二度目《どめ》の世《よ》の立替《たてかえ》があるから、それ迄《まで》に罪科《めぐり》を些少《すこし》でも償却《とり》軽減《とり》て貰《もろ》うておらんと、正勝《まさか》の時《とき》の間《ま》に合《あ》わぬ。

（『神霊界』大正9年10月1日号）（著作集第四十九）

（一二）

人《ひと》を騙《だま》すものは悪《あく》であるが、騙《だま》されるものも余《あま》り善《ぜん》とも言《い》われぬ。誠《まこと》の水晶魂《すいしょうだま》の人《じん》民《みん》は、如何《いか》な悪魔《あくま》でも騙《だま》すことは出来《でき》ぬが、騙《だま》されて難儀《なんぎ》するのは、余《あま》り貪欲《どんよく》なから心《こころ》が曇《くも》りて居《お》るから、人《ひと》に騙《だま》され掛《か》けられたのは、余《あま》り潔白《きれい》な話《はなし》ではない。吾《わ》れの恥《はじ》を晒《さら》すようなものであるから、黙《だま》りて我《わ》が心《こころ》を考《かんが》えて見《み》て改心《かいしん》するがよい。

（一二―二）

人《ひと》は飲食《いんしょく》許《ばか》りで生《い》きているものでない。天帝《てんてい》の分霊《ぶんれい》という尊《とうと》き霊魂《みたま》を各自《めいめい》に賦与《さずけ》られておるので、その霊魂《みたま》にも食餌《え》を与《あた》えねばならぬ。又霊魂《またみたま》の狂《くる》うた時《とき》は、霊魂《みたま》を救《すく》うところの薬餌《くすり》を与《あた》えねばならぬ。その霊魂《みたま》の餌《え》というは、誠《まこと》の教《おしえ》である。その薬《くすり》というは、信仰《しんこう》そのものである。

肉体《にくたい》の病《やま》い患《わずら》いも亦霊魂《またみたま》の曇《くも》りから起《おこ》るのが七、八分《ぶ》を占《し》めておるので、外側《そとがわ》の肉《にく》体許《たいばか》りの疫病《やまい》は、煎《せん》じ詰《つ》める（＝結局の所まで論じきわめる。とことんまで考える）とほん少《すこ》しよりないものである。肉体《にくたい》の患《わずら》いは、大抵自然《たいていしぜん》の良能力《りょうのうりょく》で癒《なお》るのもあり、医師《いし》の助《たす》けで癒《なお》るのもあるが、今《いま》の筍《たけのこ》（＝未熟な医者）が匙《さじ》を投《な》げたり、ドクトル・オブ・メヂチーネ（＝優れた医学の専門家、博士）という立派《りっぱ》な医学博士《いがくはかせ》が駄目《だめ》と断念《あきら》めた病気《やまい》が、信仰《しんこう》の力《ちから》で夢《ゆめ》の如《ごと》くに容易《たやす》く全快《ぜんかい》するは、霊魂《みたま》に信仰《しんこう》という霊薬《れいやく》を与《あた》えた証左《しるし》である。

（『神霊界』大正9年10月1日号）（著作集第三十一）

信仰《しんこう》の力《ちから》は霊魂《みたま》を水晶《すいしょう》にする力《ちから》がある。霊魂《みたま》が水晶《すいしょう》になれば病《やま》い神《がみ》は宿《やど》らぬ。兎角《とかく》人民《じんみん》は神《かみ》の分身分霊《わけみわけみたま》で、神様《かみさま》の大事《だいじ》な御子《みこ》であるから、この大事《だいじ》の身魂《みたま》に疫病《やまい》などを引《ひ》き出《だ》しては、神様《かみさま》に対《たい》してこの上《うえ》なき罪《つみ》であり、又肉体《またにくたい》は父母《ふぼ》の直接《ちょくせつ》の譲《ゆず》りもので、詰《つま》り父母《ふぼ》の分身《わけみ》であるから、大切《たいせつ》に致《いた》さねば、万一《まんいち》も過《あやま》ちが出来《でき》て怪我《けが》でもしたり病気《びょうき》でもしたら、父母《ふぼ》に心配《しんぱい》をさせて限《かぎ》りのなき不幸《ふこう》の罪《つみ》になるのである。又吾《またわ》れの二代目《だいめ》は我《わ》が子《こ》であり、三代目《だいめ》は孫《まご》であるから、十分罪科《じゅうぶんめぐり》を償却《と》りて身体《しんたい》を壮健《そうけん》にし、子孫《しそん》に余毒《よどく》を残《のこ》さぬようにせねばならぬ。中々人《なかなかひと》の肉体《からだ》というものは容易生《たやすくうま》れる者《もの》でないから、現世《げんせ》に来《き》たれば一日《にち》でも長生《ながい》きをして、身魂《みたま》の洗濯《せんたく》をして、高天原《たかあまはら》に参《まい》る準備《じゅんび》が肝要《かんよう》である。

肉体《にくたい》の生命《いのち》はほんの夢《ゆめ》の間《ま》であるが、この夢《ゆめ》の間《ま》に、末々迄限《すえずえまでかぎ》りのなき永《なが》き世《よ》の支《し》度《たく》をして置《お》かねばならぬのに、今《いま》の人民《じんみん》は近欲《ちかよく》に迷《まよ》いて前途《さき》の事《こと》の分《わか》らん憐《あわ》れなものであるが、皆《みな》この世《よ》の邪神《まがつ》に支配《しはい》をしられて、世界《せかい》の人民《じんみん》が健忘症《けんぼうしょう》にかゝりたようになりて呆《ほう》けてしもうて居《お》るから、結構《けっこう》な事《こと》をいうて聞《き》かしても書《か》いて見《み》せても、馬《うま》の耳《みみ》に風同然《かぜどうぜん》、余《あま》り厳《きび》しく言《い》えば却《かえ》って逆《ぎゃく》に感得《とり》て敵《てき》にする者許《ものばか》り、縦《たて》からも横《よこ》からも言《い》い諭《さと》す隙間《すき》がないので、気《き》の毒《どく》でも見殺《みごろ》しより仕様《しよう》がない。盲目聾者《めくらつんぼ》の片輪者許《かたわものばか》りの動物園《どうぶつえん》は、今《いま》の世《よ》の中《なか》の有様《ありさま》、これでも人間《にんげん》の形体《かたち》を変《か》えぬ不思議《ふしぎ》な位《くらい》である。

◇　◇　◇

○かりごものみだれたる世《よ》を治《をさ》めむと
　本《もと》つ教《をしへ》をわれ説《と》きひろむる
○天《あめ》が下《した》世人《よびと》ことごとくみちびかむ
　神《かみ》の立《た》てたる明《あか》き大道《おほぢ》に　　王仁

筆のしづ九　第三章

明治36年7月

（一三）

（『神霊界』大正9年10月11日号）（著作集 第五十五）

是丈《これだ》け腐敗《ふはい》した極悪世界《ごくあくせかい》を立直《たてなお》して、安心《あんしん》な黄金世界《おうごんせかい》に捻《ね》じ直《なお》し、人類《じんるい》の安心《あんしん》を得《え》させる者《もの》は何《なん》であろうか。南無阿弥陀仏《なむあみだぶつ》か、南無妙法蓮華経《なむみょうほうれんげきょう》か、大師遍照金剛《たいしへんじょうこんごう》か、天理王《てんりおう》の命《みこと》か、黒住《くろずみ》か、金光《こんこう》か、アーメンか、孔子《こうし》か、孟子《もうし》か、今太閤《いまたいこう》か。否々《いないな》どうしてどうして、釈迦《しゃか》や孔子《こうし》が束《そく》に結《ゆ》うて出《で》てみても、この「三千世界《さんぜんせかい》（＝神界・幽界・現界、顕・幽・神の三大境界。過去・現在・未来をもさす大宇宙）の立直《たてなお》し」は出来《でき》ぬ。人民《じんみん》が智恵学《ちえがく》で万劫末代《まんごうまつだい》かかっても、この世《よ》の改造《かいぞう》は出来《でき》ぬ。

この世《よ》を立直《たてなお》す尊《とうと》い身魂《みたま》は、龍宮館《りゅうぐうやかた》の地《ち》の高天原《たかあまはら》の神《かみ》の教《おしえ》である。こんな事《こと》は今《いま》の悪開《わるびら》けに開《あ》けた鼻高《はなたか》には、いうて遣《や》っても真実《まこと》に致《いた》さぬが、神界《しんかい》にも判《わか》らん神様《かみさま》がある位《くらい》であるから、無理《むり》はないのである。

◆南無阿弥陀仏《なむあみだぶつ》　阿弥陀仏《あみだぶつ》に帰命《きみょう》するの意《い》。これを唱《とな》えるのを念仏《ねんぶつ》といい、極楽《ごくらく》に往生《おうじょう》できるという。

◆南無妙法蓮華経《なむみょうほうれんげきょう》　日蓮宗《にちれんしゅう》三大秘法《だいひほう》の一。妙法蓮華経《みょうほうれんげきょう》に帰依《きえ》する意《い》。これを唱《とな》えれば、真理《しんり》に帰入《きにゅう》して成仏《じょうぶつ》するという。本門《ほんもん》。七字《しちじ》の題目《だいもく》。

◆大師遍照金剛《たいしへんじょうこんごう》　光明《こうみょう》があまねく照《て》らし、その本体《ほんたい》の不壊《ふえ》であることを表《あらわ》す語《ご》。大《だい》日如来《にちにょらい》の密号《みつごう》。

（『神霊界』大正9年10月11日号）（著作集第四十六）

（一四）

霊止《ひと》（＝人）は万物《ばんぶつ》の霊長《れいちょう》であるから、智識《ちしき》と徳《とく》とを備《そな》えて前後《あとさき》の事《こと》を考《かんが》え、善悪《ぜんあく》を弁《わきま》え、身《み》の行状《おこない》を正《ただ》しく致《いた》さねば、神《かみ》の分身分霊《わけみたま》の人《ひと》とは言《い》われぬ。人《ひと》は日々《にちにち》の慎《つつし》みと勤《つと》め励《はげ》みが第《だい》一である。酒《さけ》や女《おんな》に溺《おぼ》れて品行《みもち》の治《おさ》まらぬものは、最早人間《もはやにんげん》の境界《さかい》を離《はな》れたこの世《よ》の化《ば》け者《もの》で、人間《にんげん》の身魂《みたま》を腐《くさ》らかした天地《てんち》の科人《とがにん》で、この世《よ》の穀《ごく》潰《つぶ》し厄介者《やっかいもの》である。今《いま》の日本《にほん》は上《うえ》も下《した》も打揃《うちそろ》うて行状《おこない》が獣類《けもの》の遣《や》り方《かた》で、酒《さけ》と色《いろ》とで国《くに》を過《あやま》り身《み》を過《あやま》つ者《もの》が、日《ひ》にまして増加《ふえ》る許《ばか》りであるから、吾人《ごじん》は国家《こっか》の為《ため》にはじっとして見逃《みのが》す事《こと》が出来《でき》ぬ。今《いま》の日本人《にほんじん》は八、九分通《ぶどお》りは腐敗《ふはい》しておる故《ゆえ》、何《なん》を言《い》うても馬《うま》の耳《みみ》に風《かぜ》で、豆腐《とうふ》に鎹《かすがい》、糠《ぬか》に釘程《くぎほど》も利《き》き目《め》がないから、世《よ》の立替《たてかえ》の境目《さかいめ》になりてから、一度《ど》の改心《かいしん》をさすより仕様《しよう》がない。一度《ど》の改心《かいしん》は詰《つま》らんではないか。

（『神霊界』大正9年10月11日号）（著作集 第四十五）

（一五）

何事《なにごと》でも一つ一つ、大神様《おほかみさま》に願《ねが》いを掛《か》けると、思《おも》うように物事《ものごと》がキチリ〱と整《ととの》うて行《ゆ》く、真《まこと》に有難《ありがた》いものである。世界《せかい》の物事《ものごと》は何《なに》一つ、この神様《かみさま》の恵《めぐ》みに与《あずか》らんものはないという事《こと》が判《わか》りて来《き》たら、欲《よく》の深《ふか》い人民《じんみん》はお願《ねが》いをせずにおれんのである。又《また》この神様《かみさま》に誠《まこと》の者《もの》は御礼申《おんれいもう》さずには居《お》れんのである。改心《かいしん》の出来《でき》かけた者《もの》は、御詫《おわ》びをせずには居《お》れんような心《こころ》になって来《き》て、自然《おのず》と身魂《みたま》が磨《みが》けて来《く》るのである。思《おも》うように行《ゆ》かぬが浮世《うきよ》と言《い》えど、この神許《かみばか》りは誠《まこと》で頼《たの》めば、思《おも》うようにチャンと都合良《つごうよ》く物事《ものごと》をとゝのえて、勇《いさ》んで暮《くら》すように蔭《かげ》から御守《おまも》り下《くだ》さるから、誠《まこと》で縋《すが》れば真《まこと》に結構《けっこう》な事《こと》ばかりになりて行《ゆ》くのである。

（『神霊界』大正9年10月11日号）

（一六）

遊《あそ》んでじっとして楽《らく》ばかりして、金《かね》が金《かね》を生《う》まして、難儀《なんぎ》という事《こと》は少《すこ》しも知《し》らぬ人民《じんみん》は、慢心《まんしん》ばかりして傲《おご》り放題《ほうだい》、腹腸迄腐《はらわたまでふはい》敗してしもうて、口《くち》から毒《どく》を吐《は》いてこの世《よ》の害《がい》をなす代物《しろもの》が、高見《たかみ》へ上《あが》って下々《しもじも》の難渋《なんじゅう》は関《かま》わずに、自己《われ》の身欲《みよく》ばかりを考《かんが》え、貧民《ひんみん》のことを些少《すこし》も思《おも》わんので、世界《せかい》は段々堕落《だんだんだらく》するばかり、罪悪《ざいあく》が栄《さか》えるばかり。

山《やま》の谷々《たにだに》まで腐敗堕落《ふはいだらく》の風《かぜ》が吹《ふ》いて、日《ひ》に増《ま》しに、川《かわ》の水《みず》の流《なが》れ行《ゆ》くごとく世《よ》が下《さが》るばかり。山《やま》の谷々迄《たにだにまで》腐敗《ふはい》の風《かぜ》が吹《ふ》いて、日《ひ》に増《ま》しに、河《かわ》の流《なが》れ行《ゆ》くごとく世《よ》が下《くだ》る許《ばか》り。到底《とうてい》この儘《まま》ではこの世《よ》の防《ふせ》ぎがつかぬ。この世《よ》の苦痛《くつう》と罪悪《ざいあく》と堕落《だらく》とを救《すく》う道《みち》は、日本人《にほんじん》の身魂《みたま》を磨《みが》いて、神《かみ》の国《くに》の教《おしえ》に従《したが》わすに如《し》くはない。

けれども、又《また》この世《よ》の運否《うんぷ》を引《ひ》き均《なら》して、世界《せかい》を枡掛《ますか》け曳《ひ》いて、ツツボに一人《いちにん》も落《お》とさぬようにするのが肝要《かんよう》である。

これも天《てん》の時《とき》が来《き》て命《めい》ずるので、人民《じんみん》が如何《いかん》ともすることの出来《でき》ぬ天命《てんめい》というものであるが、神《かみ》の心《こころ》は、世界中《せかいじゅう》の我《わ》が子《こ》が睦《むつ》まじゅうして勇《いさ》んで呉《く》れるようにとの思召《おぼしめ》しより外《ほか》はないのである。

日本《にほん》の神国《しんこく》の人民《じんみん》は、日本魂《やまとだましい》を固《かた》めて誠《まこと》の道《みち》の魁《さきがけ》をして、世界《せかい》の亀鑑《かがみ》（＝きかん。「亀」は吉凶を占うもの、「鑑」は照らして物を見るものの意。てほん。模範。亀鏡）となりて行《ゆ》かねばならぬ義務《つとめ》を持《も》ちておるによって、世界《せかい》の国々《くにぐに》に皆日本《みなにほん》から誠《まこと》の道《みち》の手本《てほん》を出《だ》して見《み》せねばならぬ世《よ》が出《で》て来《く》るのに、今《いま》にこの事《こと》が日本人《にほんじん》に判《わか》らぬような事《こと》では、世界《せかい》へ恥《はず》かしいではないか。結構《けっこう》な国《くに》に住《す》んだら、結構《けっこう》な行《おこな》いが出来《でき》ねばならぬ。

（『神霊界』大正9年10月11日号）（著作集 第五十七）

（一七）

表面許《うわつらばか》りの理化学《りかがく》が日《ひ》に増《ま》しに進《すす》んで来《き》て、文明《ぶんめい》の利器《りき》が増《ふ》え加《え》て来《く》る許《ばか》りで、人民《じんみん》はこの物質的文明《ぶっしつてきぶんめい》に薩張《さっぱ》り酔《よ》うてしまい、腹《はら》の中《なか》の掃除《そうじ》を忘《わす》れて、世界《せかい》の皮相《うわつら》ばかりを眺《なが》めて、黄金世界《おうごんせかい》と迷信《おもう》て喜《よろこ》ぶのも無理《むり》はない。

汽車汽船《きしゃきせん》は出来《でき》る電信電話《でんしんでんわ》も出来《でき》る。無線電信《むせんでんしん》を発明《はつめい》する、自動車《じどうしゃ》に自転車《じてんしゃ》・馬車《ばしゃ》俥《くるま》と日《ひ》に増《ま》しに交通機関通信機関《こうつうきかんつうしんきかん》が備《そな》わって来《く》るにつれて、この広《ひろ》い世界《せかい》が一と村《むら》のように縮小《ちぢま》りて来《き》たので、人間程偉《にんげんほどえら》い者《もの》はないように思《おも》って慢心《まんしん》して、神《かみ》の力《ちから》という事《こと》を忘《わす》れてしまい、この世《よ》に恐《こわ》い者《もの》はないと誤信《おもっ》て、悪心《あくしん》がさかえて、生《うま》れた国《くに》を思《おも》わぬようになって来《き》た、金《かね》さえあれば外国《がいこく》でも結構《けっこう》に暮《くら》せると思《おも》って、人《ひと》を泣《な》かしてでも金《かね》を貯《た》めるこの結構《けっこう》な神国《しんこく》という事《こと》を忘《わす》れて、外国人《がいこくじん》の身魂《みたま》に堕落《おち》てしもうて、衣類《いるい》、食物《たべもの》、家屋《いえ》土蔵《くら》に贅《おご》りて、金《かね》を粗末《そまつ》に使《つか》い、何《なん》でも現世《このよ》は金《かね》より他《ほか》に有難《ありがた》きものはないと思《おも》っておる故《ゆえ》、信義誠実《まこと》が日《ひ》に増《ま》しに壊廃《すた》れるのである。

（出口王仁三郎、33歳　未の年、明治36年8月9日龍宮館に於いてしるす）

（『神霊界』大正9年10月11日号）（著作集 第六十三）

（一八）

神様《かみさま》は日夜《にちや》に人民《じんみん》を可愛《かわ》いがりて下《くだ》さる御心《おこころ》というものは、中々《なかなか》人民《じんみん》の考《かんが》えの及《およ》ぶ所《ところ》ではない。丁度《ちょうど》親《おや》が子《こ》を思《おも》うのと同《おな》じ事《こと》で、片時《かたとき》も目離《めばな》しという事《こと》はせずにお守《まも》り下《くだ》さる。その御恩《ごおん》は、海《うみ》にも山《やま》にも譬《たと》えられんのである。人民《じんみん》には神《かみ》の御心《みこころ》が充《じゅう》分《ぶん》には判《わか》らぬ故《ゆえ》、誰《だれ》にも良《よ》く判《わか》るように、親子《おやこ》の間柄《あいだがら》に就《つ》いて、親《おや》がどれだけ我《わ》が子《こ》を愛《あい》して心《こころ》を使《つか》うという事《こと》を、概略並《あらましなら》べて見《み》よう、これを読《よ》んで親心《おやごころ》を考《かんが》え、神様《かみさま》の吾々《われわれ》を愛《あい》し下《くだ》さる深《ふか》き御心《みこころ》を押《お》し測《はか》り、その御恩《ごおん》に報《むく》い奉《まつ》らねば、霊止《ひと》たる道《みち》が立《た》たぬのである。

○

先《ま》ず夫婦《ふうふ》の間《あいだ》に児《こ》が宿《やど》るというと、その母親《ははおや》たるものは腹《はら》の中《なか》の胎児《たいじ》に毒《どく》になりてはならぬというて、食《く》い度《た》い物《もの》も辛抱《しんぼう》して能《よ》う食《く》わず。何程暑《なにほどあつ》い真夏《まなつ》でも氷水《こおりみず》一杯《ぱい》飲《の》み度《た》いと思《おも》うても、腹《はら》の胎児《こ》に為《ため》が悪《わる》かろうからというては扣《ひか》え、熱《あつ》い物《もの》が食《た》べ度《と》うても、又悪《またわる》かろうというては扣《ひか》え、又身体《またからだ》の起居振舞《たちいふるま》いにも気《き》を付《つ》けて、身体《からだ》を壊《こわ》れ物《もの》でも扱《あつか》うように大事《だいじ》にし、急《いそ》ぐ道《みち》でも急《いそ》いで歩《ある》かず、躓《つまず》いて倒《こ》けでもしてはならんと思《おも》うて案《あん》じ、追々《おいおい》と月《つき》が重《かさ》なるにつけて身《み》が重《おも》うなって来《き》て、息遣《いきづか》い迄《まで》が苦《くる》しくなって来《き》ても、妊娠《みもち》の中《うち》に楽《らく》をしては、産時《さんどき》に児《こ》が太《ふと》り過《す》ぎて嬰児《あかご》が苦《くる》しむというては、大《おお》きな腹《はら》を抱《かか》えて殊更《ことさら》に働《はたら》き、始終腹《しじゅうはら》へ手《て》を当《あ》てゝ見《み》ては、生《うま》れぬ先《さき》から赤《あか》児《ご》のここらが頭《あたま》であろうというては撫《な》で擦《さす》り、又《また》どれ位大《くらいおお》きくなって居《お》るであろうか、男《おとこ》の児《こ》か女《おんな》の子《こ》か、若《も》しも片輪《かたわ》ではあろまいか、男《おとこ》でありたら何《なん》という名前《なまえ》を命《つ》けてやろう、女《おんな》なら「お梅《うめ》」がよかろうか、永生《ながいき》するように「お亀《かめ》」にしようかなぞと生《うま》れん先《さき》から名前迄考《なまえまでかんが》えたり、機嫌《きげん》よく身《み》二つになって呉《く》れれば良《よ》いがと、寝《ね》ても起《お》きても胎児《こ》のことばかり思《おも》うて、神様《かみさま》には断《た》ち物《もの》してでも安産《あんざん》の願《ねが》いをこめたり、千々《ちぢ》に心《こころ》を砕《くだ》くは、児《こ》が未《ま》だ腹《はら》に居《お》る中《うち》の父母《ちちはは》の案《あん》じである。

それからお蔭《かげ》で安産《あんざん》をすると、氏神様《うじがみさま》へ御礼《おれい》することも忘《わす》れてしもうて、一番《ばん》に坊《ぼう》か嬢《じょう》か、手足《てあし》の指《ゆび》は揃《そろ》うてあるか、足《あし》は跛足《びっこ》ではあるまいか、乳《ちち》は沢山持《たくさんも》って生《う》まれて来《き》たであろうか、胎毒《たいどく》でもありはせぬかと案《あん》じ、蚤《のみ》が喰《く》うて色《いろ》がく着《つ》いても、もしや赤痣《あかあざ》が出来《でき》ておるのではなかろうかと案《あん》じ、産湯《うぶゆ》が熱過《あつす》ぎはせぬか、温過《ぬるす》ぎて産風《うぶかぜ》でも引《ひ》きはせぬかと案《あん》じ、産婆《さんば》に任《まか》して置《お》いてもまだ案《あん》じ、父母《ちちはは》は片時《かたとき》の間《ま》も児《こ》のことを忘《わす》れんのである。

それから母親《ははおや》は又母親《またははおや》で、今度《こんど》は初《はじ》めての宮詣《みやまい》りであるから、どんな産衣《うぶぎ》を拵《こしら》えて遣《や》りたら可愛《かわい》らしいやろうか、帽子《ぼうし》はどれにしようか、足袋《たび》はどれを穿《は》かそうかと、頭《あたま》の上《うえ》から足《あし》の爪先迄《つまさきまで》心《こころ》を配《くば》るのである。乳《ちち》が悪《わる》うて胎毒《たいどく》でも発《おき》はせぬかというては、食《く》いとうてならん好《す》きな物《もの》でも心得《こころえ》て、毒《どく》より滋養《じよう》ばかりに心《こころ》を配《くば》り、それから段々《だんだん》と生《お》い立《た》つに連《つ》れて、もう目《め》が見《み》えるようになったであろうか、母《はは》の顔知《かおし》る初笑《はつわら》いは何時《いつ》であろうと楽《たの》しんでは待《ま》ち、欠伸《あくび》をしても案《あん》じ、嚔《くさめ》（＝くしゃみ）をしても風邪《かぜ》を引《ひ》くのではなかろうかと案《あん》じ、乳《ちち》が飲《の》みたくて泣《な》いても物《もの》を言《い》わぬもの故《ゆえ》、何処《どこ》ぞ具合《ぐあい》が悪《わる》いのではなかろうかと案《あん》じ、泣《な》いても案《あん》じ、笑《わら》っても、又余《またあま》り笑《わら》わすと癇《かん》が出《で》るというては案《あん》じ、少《すこ》し塩梅《あんばい》が悪《わる》うて乳《ちち》でも飲《の》まぬと、両親《ふたおや》は顔《かお》の色迄変《いろまでか》えて心配《しんぱい》をするのである。お爺《じい》やお媼《ばあ》が孫《まご》を可愛《かわい》がって下《くだ》さると言《い》っては、両親《ふたおや》は蔭《かげ》から手《て》を合《あわ》して拝《おが》んだり喜《よろこ》んだり、親《おや》は児《こ》にかけたら、全然目《まるきりめ》も鼻《はな》もないのである。

他人《たにん》の子供《こども》と較《くら》べて見《み》て、あそこの子《こ》より小《ちい》さくはあろまいか、弱《よわ》くはあるまいかと案《あん》じ、尿糞《しばば》を外《はず》しはせぬかと気《き》を揉《も》み、ビリ〳〵と身震《みぶる》いすれば、蚤《のみ》が喰《く》うのであろうというては蚤《のみ》を探《さが》し、夜分《やぶん》になっても、昼《ひる》の働《はたら》きで身体《からだ》が疲労《くたび》れておるのも忘《わす》れてしもうて、蚊《か》が食《く》いはせぬか、蚤《のみ》が噛《か》みはせぬか案《あん》じて、一夜《ひとよ》も緩々《ゆるゆる》と能《よ》う寝入《ねい》らず、スヤ〳〵と楽相《らくそう》に寝《ね》ておるのを見《み》ては、若《も》しや死《し》んでおるのではなかろうかと案《あん》じては、顔《かお》へ手《て》を当《あ》てゝ見《み》たり、尚鼻息《なおはないき》を考《かんが》えたりして、何《な》んでもない事迄心《ことまでこころ》を傷《いた》めるのである。

衣服《きもの》が薄《うす》うて冷《ひえ》でも入《い》りはせぬか、厚《あつ》うて重《おも》た過《す》ぎはせぬかと案《あん》じ、又寝返《またねがえ》りをしたというては喜《よろこ》び、這《は》い掛《か》けたというては喜《よろこ》び、這《は》い出《だ》すと又《また》、上《あが》り口《ぐち》から落《お》ちて怪《け》我《が》でもしはせぬかと案《あん》じ、もう幾日《いくにち》経《た》ちたら立《た》てるようになるであろうかというては楽《たの》しんで待《ま》ち、立《た》つようになると、何時《いっ》になりたら伝《つた》い歩《ある》きが出来《でき》るであろうかと案《あん》じ、伝《つた》い歩《ある》きをし出《だ》すと、又何時《またいっ》になったら一人《ひとり》歩《ある》きをするであろうかというては楽《たの》しんで待《ま》ち、徐々歩《そろそろある》き出《だ》すと躓《つまず》きはせんかと案《あん》じて、道《みち》の石《いし》を高《たか》いのから起《おこ》して廻《まわ》り、陥《はま》りはせぬかと案《あん》じて、近所《きんじょ》の古《ふる》い井戸《いど》に垣《かき》をしたり蓋《ふた》をしたり、浅《あさ》い溝《みぞ》にも橋《はし》を架《か》けたり、何《なに》から何迄心《なにまでこころ》を砕《くだ》くのである。

又肥《またこ》えりゃ肥《こ》えるで案《あん》じ、痩《や》せりゃ痩《や》せるで案《あん》じ、雨《あめ》が降《ふ》るにつけ風《かぜ》が吹《ふ》くにつけても、胸《むね》を痛《いた》めるのである。ウマンマというたというては喜《よろこ》び、お父《とう》さん、お母《かあ》ちゃんと云《い》い出《だ》したというては喜《よろこ》び、頭《あたま》を撫《な》でたり頬《ほう》べたに吸《す》い付《つ》いたり、間《あい》には抓《つね》って泣《な》かして見《み》たり、丸《まる》で児《こ》にかけたら親《おや》は狂人《きょうじん》である。又喰《またく》い過《す》ぎて腹《はら》を傷《そこ》ねはせぬかと案《あん》じ、喰《た》べな喰《た》べんで案《あん》じ、泣《な》いても笑《わら》うても、一つくに心配《しんぱい》するのである。大《だい》事《じ》の道具《どうぐ》を潰《つぶ》して悪戯《いたずら》をしても、活発《かっぱつ》な児《こ》じゃというては笑《わら》い、障子《しょうじ》を破《やぶ》りても、子《こ》供《ども》には虫《むし》の薬《くすり》じゃというては道理《どうり》をつけるのである。子守《こもり》に負《お》わして外《そと》へ出《だ》しても、それが帰《かえ》りて来《き》て無事《ぶじ》な顔《かお》を見《み》る迄《まで》案《あん》じ、帰《かえ》りが遅《おそ》いと、怪我《けが》でもしたのではないかと案《あん》じ、他所《よそ》の子《こ》の泣声《なきごえ》がしても、万一《もし》や我《わ》が子《こ》ではなかろうかと、仕事《しごと》を止《や》めて聞《き》き耳《みみ》を立《た》て、乳《ちち》が張《は》り出《だ》したが、定《さだ》めて腹《はら》が減《へ》りておるであろうというては案《あん》じるのである。昼寝《ひるね》をするにも、乳房《ちぶさ》で児《こ》の鼻《はな》でも押《お》して息《いき》でも止《と》まりはせぬかと案《あん》じて、とっくりと昼休《ひるやす》みをもようせんのである。

年齢《とし》に似合《にあ》わぬ賢《かしこ》い事《こと》をいうので、この児《こ》は智恵《ちえ》が勝《か》って、体《からだ》が負《ま》けて早死《はやじに》でも致《いた》しはせぬかというては案《あん》じ、ゆっくりして居《お》ればおるで、阿呆《あほう》ではなかろうかと思《おも》うて案《あん》じ、何彼《なにか》につけて生《うま》れてから我《わ》れが死《し》んだ後迄《のちまで》も、子《こ》の事《こと》を案《あん》じるのである。良《よ》い物《もの》が有《あ》ると、我《わ》が子《こ》ばかりか近所《きんじょ》の子供迄《こどもまで》に皆《みな》にやってしもうて、我《わ》が子《こ》を大事《だいじ》に遊《あそ》んでやって呉《く》れといって頼《たの》むのである。他家《よそ》には柿《かき》の木《き》があるのに、坊《ぼう》の所《うち》には柿《かき》の木《き》がないというて口惜《くや》むのを聞《き》いた親《おや》は、柿《かき》の木《き》の苗《なえ》でも買《こ》うて来《き》て、直《す》ぐに植《う》えてやるという調子《ちょうし》、娘《むすめ》が成人《せいじん》したら箪笥《たんす》を拵《こしら》えて遣《や》りたいというては、屋敷《やしき》の隅《すみ》へ桐《きり》の木《き》を植《う》えたり、我《わ》が子《こ》の行《ゆ》く末々《すえずえ》の事迄《ことまで》心《こころ》を配《くば》るのである。

他家《よそ》の子供《こども》は赤《あか》い衣装《いしょう》を着《き》ておるというて子《こ》が話《はな》せば、それを聞《き》いた親《おや》は又心配《またしんぱい》をして、三度《ど》の食事《しょくじ》を二度《ど》にしてでも、我《わ》れは食《く》わないでも買《こ》うて着《き》せてやり度《た》いなり。又遊《またあそ》びに出《で》ても、他《ほか》の子供《こども》に苛《いじ》められはせぬかと案《あん》じ、又腕白《またわんぱく》な子《こ》を持《も》った親《おや》は、戸外《そと》へ出《で》て他家《ひと》の子供《こども》に怪我《けが》でもさしはせぬかと案《あん》じ、明《あ》けても暮《く》れても心《こころ》に関《かか》るは子《こ》のこと許《ばか》りである。偶々親戚《たまたましんせき》なぞで珍《めずら》しきものを貰《もろ》うても、能《よ》う喰《た》べずに子《こ》に持《も》ち帰《かえ》ってやり、折角寝《せっかくね》ている子迄揺《こまでゆ》り起《おこ》して、珍《めずら》しい物《もの》を与《あた》えて喜《よろこ》ばしたいと思《おも》い、毒《どく》と知《し》りつゝ旨《うま》い物《もの》があると喰《た》べさしたいなり。子《こ》の可愛《かわい》さというものは底《そこ》のないものである。

漸《ようや》く小学校《しょうがっこう》へ行《ゆ》くようになればなるで、他家《ひと》の子共《こども》に負《ま》けはせぬかと案《あん》じ、又上位《またうえ》になればなるで、友達《ともだち》に嫉《ねた》まれはせぬかと案《あん》じ、勉強《べんきょう》すればするで、病患《やまい》でも発《おこ》りはせぬかと案《あん》じ、年頃《としごろ》になればなるで、悪《わる》い友達《ともだち》に誘《さそ》われはせぬかと案《あん》じ、年頃《としごろ》になればなるで悪《わる》い友達《ともだち》に誘《さそ》われはせぬか、一人前《いちにんまえ》の人間《にんげん》になって呉《く》れるであろうか、同《おな》じ事《こと》なら人《ひと》に優《すぐ》れた器量《きりょう》ものに仕上《しあ》げたいと願《ねが》うのである。

適齢《てきれい》が来《き》て兵隊《へいたい》に召《め》されりゃ、又《また》その後《あと》で親《おや》は従《つ》いて行《ゆ》き度《た》いように心配《しんぱい》する。戦争《せんそう》の風評《うわさ》を聞《き》いても、第《だい》一に案《あん》じられるは我《わ》が子《こ》のことである。他人《ひと》は嬉《うれ》しそうに、面白《おもしろ》そうに、日本《にほん》がどうじゃの露国《ろこく》がどうじゃのと話《はなし》をして居《い》ても、親《おや》の心《こころ》は、その風評《うわさ》を聞《き》く度《た》び毎《ごと》にビク〱と胸《むね》を傷《いた》め、最早我《もはやわ》が子《こ》は討死《うちじに》でもしてしもうたように案《あん》じて、夜《よ》の目《め》も碌《ろく》に能《よ》う寝入《ねい》らぬのである。

又娘《またむすめ》は娘《むすめ》で年頃《としごろ》になると、何卒《どうぞ》悪《わる》い虫《むし》がつかねばよいがと案《あん》じ、相当《そうとう》の夫《おっと》を持《も》たし度《た》いものじゃと心《こころ》を砕《くだ》き、良《よ》い縁《えん》に嫁《とつ》いでからも、婿殿《むこどの》は酒《さけ》でも過《す》ごしはせぬか、悪《わる》い所《ところ》へ首《くび》を突《つ》き込《こ》みはせぬか、我《わ》が娘《むすめ》に心配《しんぱい》を掛《か》けはせぬかと日々《ひび》の起居振舞《たちいふるま》いにも気《き》を揉《も》んだり、又娘《またむすめ》は姑《しゅうと》に良《よ》く仕《つか》えて気《き》に入《い》るであろうか、所《ところ》の人《ひと》や親戚《しんせき》なり小姑《こじゅうと》に悪《にく》まれはせぬかと案《あん》じ、我《わ》が子《こ》の嫁《か》して居《お》る村《むら》へ行《い》っては、其《そ》の所《ところ》の犬《いぬ》にでも頭《あたま》を下《さ》げるような心《こころ》になりて、子《こ》の可愛《かわい》いばかりに、親《おや》は卑下《ひげ》して通《とお》るという有様《ありさま》、子《こ》の事許《ことばか》りに心《こころ》と奪《ら》れて、我《わ》が身《み》の老行《おいゆ》くのを忘《わす》れておるのである。

又何人子《またなんにんこ》が生《うま》れても可愛《かわい》さは同《おな》じ事《こと》で、この子《こ》が一人《ひとり》可愛《かわい》くないと言《い》う事《こと》は無《な》いのである。況《いわ》んや神様《かみさま》は、世界《せかい》の人民《じんみん》を拵《こしら》えて皆我《みなわ》が子《こ》となされて、どれ一人《いちにん》悪《にく》いと言《い》う子《こ》はないので、どの子《こ》も同《おな》じ一人前《いちにんまえ》の者《もの》にして遣《や》り度《た》いと思召《おぼしめ》して御出《おい》でますので、中《なか》に一人《いちにん》でも悪《わる》い子《こ》ができると大変《たいへん》に御心配《ごしんぱい》をなさるのであるから、心《こころ》を磨《みが》いて水晶《すいしょう》にして、神様《かみさま》に安心《あんしん》をして戴《いただ》かねばならぬのである。是丈《これだ》けに思《おも》うて育《さだ》てられた親《おや》には、海山《うみやま》にも代《か》え難《がた》き恩《おん》があると言《い》うことを忘《わす》れてしもうて、少《ち》っと甲斐性《かいしょう》（＝物事を立派にやりとげていく能力。けなげな性質）が出来出《できだ》すと、自然《ひとりで》に大《おお》きくなりたように思《おも》うて、二口目《ふたくちめ》には口答《くちごたえ》をしたり、親《おや》の心《こころ》に叛《そむ》いて良《よ》くない事《こと》をして、親《おや》には有《あ》るに有《あ》られん心配《しんぱい》をさしても左《さ》程《ほど》済《す》まん事《こと》とも思《おも》わず、偶々親《たまたまおや》が意見《いけん》すれば、悪《にく》うて言《い》うように思《おも》うて腹《はら》を立《た》てたり、煩《うる》さがりて、「年寄《としより》の差《さ》し出口《でぐち》は止《や》めてお呉《く》れ」と一口《ひとくち》にはねつけて聞《き》き入《い》れず、中《なか》には気《き》に入《い》らぬと、勿体《もったい》ない親《おや》を踏《ふ》んだり蹴《け》ったりわめきつけたりする不幸者《ふこうもの》が出来《でき》る。それでも親《おや》の情《なさ》けで、子《こ》の恥《はじ》じゃと思《おも》い世人《せじん》に隠《かく》して、親《おや》は虫《むし》を堪《こら》えて辛抱《しんぼう》するのである。こんな子《こ》は最早人間《もはやにんげん》ではないのである。

烏《からす》でさえも、親《おや》の恩《おん》は覚《おぼ》えて養《やしな》い返《かえ》すではないか。鳩《はと》に三枝《さんし》の礼《れい》があるではないか。

霊止《ひと》として親《おや》の恩《おん》を知《し》らぬ者《もの》は、鳥獣《とりけもの》にも劣《おと》りて、真《まこと》に情《なさ》けなき事《こと》ではないか。

生《う》みの親《おや》に千万倍《せんまんばい》も優《すぐ》れて御恩《ごおん》のある神様《かみさま》の御心《みこころ》は、格別《かくべつ》な者《もの》である。その有難《ありがた》き神様《かみさま》の御心《みこころ》に背《そむ》いて済《す》むものであろうか、よく〳〵心《こころ》して慎《つつし》むべき事《こと》である。

古《ふる》い発句《ほっく》に

早乙女《さをとめ》や子《こ》の泣《な》く方《はう》へ植《う》ゑて行《ゆ》き
拾《ひ》らはるゝ蔭《かげ》から親《おや》は手《て》を合《あは》せ
時々《ときどき》は子《こ》に泣《な》く親《おや》も子《こ》に笑《わら》ひ

艮《うしとら》の金神変性男子《こんじんへんじょうなんし》の身魂若姫岐美《みたまわかひめぎみ》の命《みこと》は出口《でぐち》の守《かみ》と顕現《あらわ》れ給《たま》いて、世界《せかい》の父《ちち》の御役《おんやく》目《め》を遊《あそ》ばすのである。坤《ひつじさる》の金神変性女子《こんじんへんじょうにょし》（＝艮の金神の妻神。裏鬼門の神）の身魂《みたま》は、世界《せかい》の母役《ははやく》を遊《あそ》ばして御出《おいで》るのであるから、男子女子《なんしにょし》の身魂《みたま》の心《こころ》を悟《さと》りて心《こころ》を磨《みが》くが、日本神国《にほんしんこく》の人民《じんみん》の責務《つとめ》である。

（一九）

（『神霊界』大正9年10月11日号）

艮《うしとら》の金神様《こんじんさま》が昔《むかし》から世《よ》に落《お》ちて、悪神祟《あくがみたた》り神《がみ》と言《い》われて、蔭《かげ》からこの世《よ》を潰《つぶ》さない為《ため》に御守護遊《ごしゅごあそ》ばした事《こと》が、天地《てんち》の大神《おほかみ》の御目《おめ》に留《と》まりて、今度《こんど》の世《よ》の立替《たてかえ》の普請奉行《ふしんぶぎょう》（＝工事の責任者）を天《てん》から艮《うしとら》の金神様《こんじんさま》へ御委任《おまかせ》なされたのであるから、天地《てんち》へ是迄《これまで》の罪科《つみとが》の御詫《おわ》びをして下《くだ》さるのは、この神様《かみさま》より他《ほか》には御一方《おひとかた》もないのである。

又《また》、世界《せかい》の病神《やまいがみ》を平《たいら》げて人民《じんみん》の健康《たっしゃ》を衛《まも》る神《かみ》は、坤《ひつじさる》の金神様《こんじんさま》より外《ほか》にはないのである。世界中《せかいじゅう》の病人《びょうにん》が不思議《ふしぎ》な御神徳《おかげ》を戴《いただ》くのも、皆《みな》この神様《かみさま》の幸《さちは》い恵《めぐ》みであるが、こんな事《こと》を書《か》くと今《いま》の途中《とちゅう》の人足《にんそく》が、左様《そん》な道理《どうり》がないとか理由《りゆう》が無《な》いとか言《い》うては、鼻《はな》の先《さき》でほくそ笑《わら》いをするであろうが、天地間《てんちかん》の真理経綸《まこと》は、浅《あさ》い智恵《ちえ》や学問《がくもん》では見《けん》当《とう》の取《と》れるもので無《な》い。天地《てんち》が今《いま》に変《かわ》るから世界《せかい》の人民用意《じんみんようい》を致《いた》せよとの神《かみ》の御告《おつ》げを謹《つつし》んで、心《こころ》を研《みが》いて、日本魂《やまとだましい》の種《たね》を培《つちか》いて、国《くに》の柱《はしら》を造《つく》らねばならぬ。これが、日《に》本《ほん》の神国《しんこく》に生《うま》れたもの丶力《つと》むべき道《みち》である。

筆のしづ九　第四章

明治36年7月

（一九ー二）

（『神霊界』大正9年10月21日号）（著作集 第五十六）

智識《ちしき》と学術《がくじゅつ》とは、何時《いつ》も誠実《まこと》や信仰《しんこう》の反対《はんたい》に進《すす》むものである。智恵《ちえ》・学《がく》が進《すす》む程《ほど》、誠実信仰《まことしんこう》が薄《うす》くなる。この誠実《まこと》や信仰《しんこう》が薄《うす》らぐに連《つ》れて、段々国《だんだんくに》が悪《わる》くなって来《く》る。世界中《せかいじゅう》が獣類《けもの》のように体主霊従《あ》許《くばか》りに堕落《な》ってしまう。自己《われ》さえ良《よ》ければ良《よ》いというもの許《ばか》りになって来《き》て、差配《さはい》のつかぬように化《な》る。

何程結構《なにほどけっこう》な誠《まこと》の神《かみ》の教《おしえ》も疑《うたご》うて、真実《まこと》に信仰《しんこう》せぬようになってしまい、世《よ》がさっぱり曇《くも》りて、大和魂《やまとだましい》と神心《かみごころ》が消《き》えてしまう。この大和魂《やまとだましい》がなくなると、何事《なにごと》も皆疑惑《みなうたがい》がついて廻《まわ》る。疑惑《うたがい》がついて廻《まわ》るから、迷《まよ》いが出《で》て来《く》る。迷《まよ》いが出《で》て来《く》ると、誠《まこと》の道《みち》が判《わか》らぬようになって来《く》る。今《いま》の外国《がいこく》から来《き》た思想学問《しそうがくもん》は皆毒《みなどく》にこそなれ、些少《すこし》も国《くに》の為《ため》にはならぬのである。

今《いま》の哲学《てつがく》や理学《りがく》に凝《こ》り固《かた》まると、忠孝《ちゅうこう》の道《みち》を軽《かろ》んじて、人民《じんみん》は何《なん》の為《ため》に君《きみ》に忠義《ちゅうぎ》を尽《つく》さねばならぬか、何《なに》が為《ため》に親《おや》に孝行《こうこう》をせねばならぬかと、ソロソロ理窟《りくつ》を言《い》い出《だ》すようになって来《く》る。姦通《まおとこ》しても別《べつ》に悪《わる》いものでないというようになって来《く》る。盗人《ぬすびと》をして関《かま》わんというようになって来《く》る。哲学《てつがく》は、深《ふか》く考《かんが》えりゃ考《かんが》える程《ほど》、さっぱり訳《わけ》が分《わか》らんようになって来《く》るものである。一寸先《いっすんさき》の見《み》えぬ人民《じんみん》が、浮島《うきしま》のこの世界《せかい》に安心《あんしん》して住《す》んで居《お》るのは、皆神様《みなかみさま》の御神徳《ごしんとく》である。今《いま》の学《がく》で智恵《ちえ》の出来《でき》た安人間《やすにんげん》が悪賢《わるがしこ》うになりて、何事《なにごと》も神様《かみさま》の御神徳《ごしんとく》という事《こと》を知《し》らずに、この世《よ》は理窟《りくつ》や学《がく》で開《ひら》けたように思《おも》うて、徳義《とくぎ》と信仰《しんこう》は煙《けむり》の如《ごと》くに消《き》えてしもうて、この世《よ》は鬼《おに》ばかりになりて、往《ゆ》きも還《かえ》りも出来《でき》んようになる迄《まで》気《き》が付《つ》かんとは実《じつ》に困《こま》ったことである。余《あま》り言《い》うてやると今《いま》の鼻高学者《はなたかがくしゃ》にはお気《き》に召《め》さぬけれども、世界《せかい》の為《ため》に、よい気《き》になりて高見《たかみ》から見物《けんぶつ》をしておる訳《わけ》に行《ゆ》かんので、嫌《いや》でも応《おう》でも書《か》かねばならぬ。今《いま》の総体《そうたい》（＝物事のすべて。全体）の遣《や》り方《かた》は、己《おの》が刀《かたな》で己《おの》が首《くび》を斬《き》るような危険《あぶな》い乳臭《ちちぐさ》い遣《や》り方《かた》で、見《み》て居《お》れん事《こと》ばかりである。

（『神霊界』大正9年10月21日号）（著作集第五十八）

（二〇）

今《いま》の人民《じんみん》は、自己《われ》さえ良《よ》けら人《ひと》の事《こと》はどうなろうと関《かま》わん薄情《はくじょう》な時節《じせつ》で、欲《よく》にかけたら、何時《いつ》知《し》れぬ生命《いのち》を持《も》ち乍《なが》ら、親兄弟《おやきょうだい》とでも訴訟事《くじ》（＝裁判）をして、血《ち》で血《ち》を洗《あら》うような事《こと》を敢《あ》えてし、その場《ば》さえ良《よ》かりたら後《あと》は少《ち》っとも介意《かま》（＝気にかける）わず、義理《ぎり》も人情《にんじょう》も知《し》らぬ獣類《けもの》ばかりになっておるのである。

こんな悪党《あくとう》な世《よ》に堕落《なり》たのも、上流《うえ》の人民《じんみん》が肉食《にくじき》を始《はじ》めて、自然《おのず》と心《こころ》が鬼畜《おに》に化《な》りておるからである。日本《にほん》の人間《にんげん》は本来《もと》より肉食《にくじき》をする動物《いきもの》では無《な》い。穀類《こくるい》と野菜物《やさいもの》と魚類《さかな》さえあれば、肉体《にくたい》は良好《よくた》保持《も》てるのである。内臓《ないぞう》の仕組《しぐみ》が、穀物《こくもつ》を食《く》うて行《ゆ》けるようになりて居《お》るのである。

況《ま》して日本《にほん》は神国《しんこく》で、肉食《にくじき》なぞはならぬ国《くに》である。穀類野菜《こくるいやさい》も日本《にほん》に出来《でき》たのは、外国《がいこく》よりも格別味《かくべつあじわ》いが良《よ》いのである。今《いま》の人民《じんみん》は、肉食《にくじき》せんものは野蛮人《やばんじん》のように言《い》うて笑《わら》うもの許《ばか》りであるが、それが怪《け》しからぬド偉《えら》い間違《まちが》いである。彼《か》の肉食《にくじき》ばかりしておる虎《とら》、狼《おおかみ》、山犬《やまいぬ》なぞは、性来《せいらい》（＝本来の性質）が猛《たけだけ》しく些少《すこし》も慈悲心《じひしん》がないのと同《おな》じく、人民《じんみん》も肉食《にくじき》すると心《こころ》が猛《たけ》しく化《な》って、慈悲《じひ》も情《なさ》けも知《し》らぬように悪化《なり》て、支《し》那外国《ながいこく》のように共喰《ともぐ》いをするようになって来《く》るが、これでも肉食《にくじき》するものが文明《ぶんめい》で、肉食《にくじき》せずに正食《せいしょく》しておるものが野蛮人《やばんじん》であろうか。さっぱり今《いま》の人民《じんみん》の心《こころ》が、逆様《さかさま》にでんぐりかえっておるのである。

今《いま》の中《うち》に、四足獣《よつあし》を食《く》うような畜生《ちくしょう》の真似《まね》を止《と》めさして、天地《てんち》の神々様《かみがみさま》に御詫《おわ》びをさして、大難《だいなん》を小難《しょうなん》に祭《まつ》り替《か》えて助《たす》けて遣《や》りたいとの厚《あつ》き思召《おぼしめ》しを以《もっ》て龍宮館《りゅうぐうやかた》に顕現《あらわ》れて、世界《せかい》の人民《じんみん》に教《おし》え諭《さと》し給《たも》うは、真実《まこと》に有難《ありがた》き深《ふか》き思召《おぼしめ》しである。艮《うしとら》の金神《こんじん》変性男子《へんじょうなんし》の身魂出口《みたまでぐち》の守《かみ》の救世《ぐせい》の神舟《みふね》は、今出掛《いまでか》けておるから、どうしてもこうしても今《いま》の内《うち》にこの神舟《みふね》に乗《の》らねば、愚図々々《ぐずぐず》していると後《あと》で地団駄《じだんだ》踏《ふ》んで見《み》ても、取返《とりかえ》しがならん事《こと》になるでろう。

救世《ぐせい》の神舟《みふね》を龍宮館《りゅうぐうやかた》の浜辺《はまべ》に浮《う》かべて、誠《まこと》の道《みち》の舟人《ふなびと》が声《こえ》を限《かぎ》りに呼《よ》べど叫《さけ》べど、人民《じんみん》は磯《いそ》の暴風雨《あらし》と聞《き》き流《なが》し、足下《あしもと》に神舟《みふね》を見《み》ながら気《き》が付《つ》かず、舟人《ふなびと》の叫《さけ》びを浜《はま》の松風《まつかぜ》と聞《き》き流《なが》して、今《いま》に判《わか》らんのが可哀相《かわいそう》で、見《み》すく見殺《みごろ》しにせんならぬかと言《い》うて御慨《おなげ》き遊《あそ》ばして御出《おい》でなさるに、気《き》の付《つ》く人民《じんみん》がないとは、よくも曇《くも》りた世《よ》の中《なか》である。結構《けっこう》な救《たす》け舟《ぶね》が出《で》ておりても、その救助船《たすけぶね》には目《め》を掛《か》けずに、破《やぶ》れ朽《く》ちし腐《くさ》りし舟《ふね》に棹《さお》さして、暴風雨《あらし》激《はげ》しき沖《おき》へ沖《おき》へと進《すす》み行《ゆ》く。その危《あや》うさは、恰《あたか》も風前《ふうぜん》の灯火《ともしび》である。

変性男子《へんじょうなんし》は、この現状《ありさま》を見《み》て、声《こえ》をあげて泣《な》かん許《ばか》りに御心《みこころ》を砕《くだ》き給《たま》えども、親《おや》の心《こころ》は子知《こし》らず、我《われ》と我《わ》が身《み》を苦《くる》しめて、身魂《みたま》の行方《ゆくえ》迄《まで》も失《うしの》うてしまう憐《あわ》れな人民《じんみん》許《ばか》り、一人《ひとり》なりとも救世《ぐぜい》の神舟《みふね》に早《はや》く乗《の》り込《こ》んで、悪魔《あくま》の国《くに》を後《あと》に見《み》て、松《まつ》の世《よ》の清新《さらつ》の世《せ》界《かい》へ渡《わた》して貰《もろ》うて勇《いさ》んで暮《くら》す方《ほう》が、結構《けっこう》ではないか。

（二一）

（『神霊界』大正9年10月21日号）

心《こころ》を尊《とうと》みて魂《たま》を美《うつく》しゅう持《も》ち、表面《うわつら》の体《たい》を卑《いや》しめて服装《みなり》を飾《かざ》らぬようにするのは、善《ぜん》を為《な》すの基本《もと》である。又表面《またうわつら》の肉体《にくたい》や家屋《いえ》土蔵《くら》を飾《かざ》りて、肝心《かんじん》の霊魂《たましい》を粗末《そまつ》にするのは悪《あく》をなす始《はじ》めである。かるが故《ゆえ》（＝それゆえに。）に善《ぜん》というものは、大和魂《やまとだましい》を磨《みが》いて、我《わ》が身《み》を窶《やつ》して艱難辛苦《かんなんしんく》をしてでも、世界《せかい》の為《ため》に生命迄《いのちまで》も的《まと》にかけて尽《つく》すのが善《ぜん》である。又悪《またあく》は、自己《われ》さえ良《よ》けら人《ひと》は死《し》のうが倒《たお》れようが、自己《われ》の所有《もの》になりさえすれば良《よ》いと言《い》う遣《や》り方《かた》である。我《わ》が心《こころ》を水晶《すいしょう》にして、その徳《とく》を世界《せかい》へ行《おこな》うは善《ぜん》である。不《ふ》正《せい》な事《こと》をしたり、気儘横着《きままおうちゃく》をやる者《もの》は悪《あく》であるが、どちらも皆同《みなおな》じ神様《かみさま》の御子《みこ》であるが、この結構《けっこう》な善《ぜん》になるのも、醜《みぐる》しい悪《あく》の人民《じんみん》に堕《お》ちてしまうのも、皆誰《みなだれ》の罪《つみ》であろうか。皆《みな》その人《ひと》の心《こころ》一つの持《も》ち方《かた》で、善《ぜん》と悪《あく》とに別《わか》れるのであると、お筆先《ふでさき》に示《しめ》されてある。

彼《か》も皆同《みなおな》じ事《こと》、世界中印判《せかいじゅういんはん》（版子《はんこ》）で押《お》したようなものである。私《わたくし》は虚言《うそ》や追従《ついしょう》が嫌《きら》いですと言《い》うて、澄《す》まして高《たか》い所《ところ》へ上《あが》りて、誠《まこと》の教《おしえ》して居《お》る人《ひと》に限《かぎ》りて、薬屋流儀《くすりやりゅうぎ》が多《おお》い。世《よ》の中《なか》には化《ば》け物《もの》が沢山《たくさん》おるので、表面《おもて》は従順《おとな》しい虫《むし》も殺《ころ》さんような顔《かお》しておる者《もの》が、却《かえ》って極悪人《ごくあくにん》で、人《ひと》を殺《ころ》したり盗人《ぬすっと》をしたり姪《いたず》らをする世《よ》の中《なか》である。表《うわ》面《つら》は鬼《おに》のような顔《かお》して悪《に》くまれ口《ぐち》を言《い》う者《もの》の心《こころ》は、却《かえ》って水晶《すいしょう》で案外正《あんがいただ》しい人《ひと》は見懸《みか》けによらん者《もの》という譬《たと》えの儘《まま》である。それに気《き》が付《つ》かずに、今《いま》の人民《じんみん》は追従《ついしょう》して、面《めの》前《さき》で優《やさ》しい顔《かお》して甘《うま》い事《こと》を言《い》うし、媚《こ》び諂《へつら》う悪魔《あくま》は、十人《じゅうにん》好《ず》きがする。

口《くち》に蜜《みつ》ある虫《むし》は必《かなら》ず尻《しり》に剣《けん》がある。口《くち》で見《み》えたまゝを、人《ひと》の為《ため》を思《おも》うて注告《ちゅうこく》してやると、逆様《さかさま》に悪《わる》く得《と》感られて、却《かえ》ってその真実《まこと》を見留《みとど》めてくれないで反対者《はんたいしゃ》として取扱《とりあつか》われるとは実《じつ》に情《なさけ》ない世界《せかい》の有様《ありさま》ではないか。

何程真直《なにほどまっすぐ》な人《ひと》じゃ、偉《えら》い人《ひと》じゃ、さきの判《わか》る人《ひと》じゃというても、良《よ》い可減《かげん》な者《もの》であるから、凡人《ただびと》は無理《むり》のない事《こと》である。この世《よ》の中《なか》の事《こと》は、何程《なんぼ》偉《えら》そうに言《い》うても、真《しん》の神様《かみさま》より判《わか》りはせぬ。皆団栗《みなどんぐり》の背較《せくら》べ、お猿《さる》の尻笑《しりわら》いである。神様《かみさま》の御前《おんまえ》に出《で》たなれば、誰《だれ》も彼《か》れも罪汚《つみけが》ればかりで恥《はず》かしいて、人《ひと》の心《こころ》がどうじゃの行《おこない》がこうじゃのと、人《ひと》の身《み》の上《うえ》の事《こと》を批判《ひはん》する資格《しかく》はないのである。吾《わ》れの尻《しり》を拭《ふ》いて足下《あしもと》を掃除《そうじ》して、吾《わ》れに一点《てん》の曇《くも》りがないと言《い》うようになりてから、他人《ひと》の事《こと》を言《い》うて遣《や》らんと、聞《き》く人《ひと》が無《な》いぞ。あったら口《くち》に風《かぜ》を引《ひ》かさぬがよかろう。この世《よ》の偽善者《ぎぜんしゃ》の化物《ばけもの》、改《かい》心《しん》なさい。

（『神霊界』大正9年10月21日号）

（二四）

今《いま》に世界《せかい》の立替《たてかえ》が出《で》て来《き》て、人民《じんみん》が顔《かお》の色《いろ》を変《か》えて、一度《ど》に何《なに》も彼《か》も腹《はら》の中《なか》の塵埃《ごもく》が露《あらわ》れて、嘔吐《はきけ》を催《もよ》おし腹《はら》を痢《くだ》して国替《くにがえ》をせんならんような事《こと》になるから、一日《にち》も早《はや》く龍宮館《りゅうぐうやかた》の地《ち》の高天原《たかあまはら》の水晶《すいしょう》の水《みず》で心《こころ》を洗濯《せんたく》して、この結構《けっこう》な世界《せかい》の宝薬《たからぐすり》を戴《いただ》いて、正勝《まさか》の時《とき》に杖柱《つえはしら》に致《いた》さねばならぬ。身魂《みたま》の洗濯《せんたく》するのは、龍宮館《りゅうぐうやかた》の教《おしえ》の水《みず》より他《ほか》に誠《まこと》の所《ところ》は無《な》いのである。

今《いま》の人民《じんみん》は、毎日毒《まいにちどく》ばかり飲《の》んだり喰《く》うたりして、皮相《うわつら》（＝表面）の美《うるわ》しいものでさえあれば、後《あと》の為《ため》は些少《すこし》も頓着《とんちゃく》せん故《ゆえ》、吾《わ》れと我《わ》が手《て》に毒《どく》を食《く》うて苦《くる》しみ悶《もだ》えておるのである。これと言《い》うも、この世《よ》の守護神《しゅごじん》がさっぱり曇《くも》りておるので、斯様《こんな》わからず屋《や》ばかりの泥水世界《どろみずせかい》に堕落《だらく》したので、苦《くる》しみ悶《もだ》える者許《ものばか》りになりたのである。

（『神霊界』大正9年10月21日号）（著作集第二十七）

（二五）

今《いま》の鼻高《はなたか》や金満家《きんまんか》の身体《からだ》を裹《つつ》んでおる絹布《けんぷ》は、皆天《みなてん》の罪《つみ》でボロぐに腐朽《くさ》りて蛆《うじ》が湧《わ》いておるぞ。ダイヤモンドの指環《ゆびわ》は、七分腐敗《ぶふはい》しておるぞ。金《きん》の時計《とけい》は、最早錆付《もはやさびつ》いておるぞ。その罪穢《めぐり》が焔《ほのお》となりて足下《あしもと》から燃《も》え上《あ》がるぞ。表面《うわつら》から見《み》てギラギラと光《ひか》り輝《かがや》いておりても、中味《なかみ》は肝心《かんじん》の御正念《おしょうねん》はさっぱり、蛆虫《うじむし》が巣《す》を組《く》んでおるぞ。今《いま》に蛆《うじ》が成長《せいちょう》し、角《つの》を出《だ》し鬼《おに》になって、金棒《かなぼう》で叩《たた》き潰《つぶ》されるぞ。左様《そう》なったら、何程金《なにほどかね》が有《あ》っても、衣類《いるい》が有《あ》っても、一文《もん》の価値《かち》もないようになるぞ。

昔《むかし》から金《かね》が敵《かたき》の世《よ》の中《なか》と戒《いまし》めてあろうがな。世《よ》の末《すえ》であるから、早《はや》く往生《おうじょう》するが結構《けっこう》である。世《よ》が変《かわ》りて艮《うしとら》の金神様《こんじんさま》の神世《みよ》になると、太元《もと》の昔《むかし》の神代《かみよ》の穏《おだ》やかな世《よ》に変《かわ》るから、これ迄《まで》に良《よ》かりたものも心《こころ》を磨《みが》いて、神心《かみごころ》になりさえすれば、これ迄《まで》とは以上《いじょう》に良《よ》くなりて心配《しんぱい》を免《まぬが》れるし、又苦《またくる》しみておりた者《もの》でも、心《こころ》の改心《かいしん》が出来《でき》ぬと、何程良《なにほどよ》き世《よ》が来《き》たと言《い》うても、天《てん》の規則《きそく》に照《て》らされて地部下《じぶした》（＝零落〈れいらく〉していることをあらわす表現。溝などの上を覆っている板）に落《お》とされて、何時迄《いつまで》も苦《くる》しまねばならぬ、改心《かいしん》が一等《とう》ぞ。

（二六）（『神霊界』大正9年10月21日号）（著作集第二十四）

根《ね》に葉《は》の有《あ》るは虎耳草上《ゆきのしたうえ》も下《した》も花咲《はなさ》かねばこの世《よ》の中《なか》が治《おさ》まらんから、この末法《まっぽう》の世《よ》を縮《ちぢ》めて五六七《みろく》の神《かみ》の世《よ》として、万物《ばんぶつ》を助《たす》けるとの有難《ありがた》き思召《おぼしめ》しである。この神様《かみさま》は、三千年《さんぜんねん》の間隅《あいだすみ》の方《ほう》へ押《お》し込《こ》まれて、悪神祟《あくがみたた》り神《がみ》と言《い》われておりながら、この世《よ》を潰《つぶ》してはならんと、生《い》き代《かわ》り死《し》に代《かわ》りこの世《よ》に現《あらわ》れて、色々《いろいろ》と姿《すがた》を変《か》えこの世一切《よいっさい》隅々迄御調《すみずみまでおしら》べなされて、先《さき》の先迄見《さきまでみ》え透《す》く真《まこと》の活神様《いきがみさま》であるから、永《なが》い御辛棒《ごしんぼう》が出《で》来《き》たのである。

人民《じんみん》では、到底神様《とてもかみさま》の艱難辛苦《かんなんしんく》の万分《まんぶん》一も能《よ》う忍《いた》さぬ。人民《じんみん》は気《き》の短《みじか》い者《もの》であるから、とても永《なが》い辛棒《しんぼう》は出来《でき》はせぬが、神様《かみさま》ならこそ、口《くち》でこそ三千年《さんぜんねん》であれど、随分《ずいぶん》永《なが》い御艱難御辛苦《ごかんなんごしんく》を御厭《おいと》いなさらずに、世界《せかい》の人民《じんみん》を保護《ほご》して下《くだ》さる。その結構《けっこう》な天《てん》地《ち》の保護《ほご》を受《う》けておることを無《む》にして、世《よ》に出《で》ておる悪人等《あくにんとう》が、神《かみ》の御子《みこ》たる多《おお》くの人民《じんみん》を苦《くる》しめて、世界《せかい》の地所《じしょ》なり資本《しほん》を独専《どくせん》しておる悪党人《あくとうにん》は、蛾《が》どう虫《むし》であると、筆先《ふでさき》に示《しめ》れてある。何時迄《いつまで》も天《てん》から無為《むい》に放置《ほうち》なさらぬから、今度《こんど》の立替《たてかえ》が来《く》るのである。

今日《こんにち》の世《よ》の中程悪党《なかほどあくとう》な世《よ》は、この世初《よはじ》まりてから始《はじ》めてである。余《あま》り運否運《うんぷうん》が出来《でき》て、悪《あく》が栄《さか》えて醜《みぐる》しくて神様《かみさま》が見《み》ておれなんだので、天《てん》からノアの大洪水《だいこうずい》（＝旧約聖書『創世記』の洪水のこと、これを第一回目の天の岩戸隠れという）を出《だ》して、世界《せかい》の者《もの》を鏖殺《みなごろ》しにしてしもうて、世界《せかい》の大洗濯《おおせんたく》を遊《あそ》ばした事《こと》は、世界《せかい》の人《ひと》の良《よ》く知《し》る所《ところ》。日本《にほん》で言《い》うと、天《あま》の岩戸隠《いわとかく》れのことであるが、その時《とき》の神様《かみさま》の御骨折《おほねおり》と言《い》うものは一通《ひととお》りの御苦労《ごくろう》ではなかったに違《ちが》いないが、今度《こんど》の世《よ》の立替《たてかえ》は、御慈悲深《ごじひふか》き艮《うしとら》の金神様《こんじんさま》がなさるのであるから、前《まえ》の世《よ》の立替《たてかえ》のように、何卒人《どうぞひと》を一人《ひとり》でも殺《ころ》さぬように、成《な》る事《こと》ならこの世《よ》をこの儘《まま》で立替《たてか》え度《た》いと思召《おぼしめ》すから、永《なが》らくの間《あいだ》御艱難《ごかんなん》を遊《あそ》ばすのである。

人民《じんみん》は、艮《うしとら》の金神様《こんじんさま》に是丈《これだ》け御世話《おせわ》になりていながら、盲目聾《めくらつんぼ》（耳目《じもく》が不自由《ふじゆう》）と同《おな》じ事《こと》で、些少《ちっと》も神《かみ》の御恩《ごおん》と言《い》う事《こと》を知《し》らんから、知《し》らず識《し》らずに天《てん》の罪《つみ》が重《かさ》なるのであるから、人民《じんみん》は神《かみ》の御恩《ごおん》と言《い》う事《こと》を忘《わす》れずに、誠《まこと》を尽《つく》し、難義《なんぎ》な者《もの》を助《たす》けておけば、その人《ひと》は神《かみ》が助《たす》けて下《くだ》さると、出口《でぐち》の教祖《みおや》の神教《みおしえ》である。

この世《よ》の洗濯《せんたく》するのは、教育《きょういく》でも、宗教《しゅうきょう》でも、法律《ほうりつ》でも、政治《せいじ》でも、学術《がくじゅつ》でも、知識《ちしき》でもいかぬ。天《てん》からの時節《じせつ》でこの世《よ》が廻《めぐ》りて来《く》るから、未然《さき》にお知《し》らせなさるが、変性男子《へんじょうなんし》（＝出口直）の御役《おやく》である。


（『神霊界』大正9年10月21日号）

（二七）

人間界《にんげんかい》で是《これ》が真《まこと》じゃときめておる事《こと》も、神界《しんかい》から真《まこと》の眼《まなこ》で見《み》そなわしたもう時《とき》は、何事《なにごと》も皆身勝手《みなみがって》な事許《ことばか》りである。それを真《まこと》と信《しん》じておる人民《じんみん》に、底《そこ》の深《ふか》い意味《いみ》の高《たか》い神界《しんかい》の真《まこと》を言《い》い聞《き》かしても、真《まこと》に信《しん》ぜんのは無理《むり》はない。けれども万物《ばんぶつ》の霊長《れいちょう》といって威張《いば》るからには、少《すこ》しは誠《まこと》の神《かみ》の教《おしえ》も腹《はら》へ這入《はい》らねば、鳥獣《とりけもの》と同《おな》じ事《こと》である。

今《いま》の世《よ》に、誠意《まこと》から人《ひと》を助《たす》けようという者《もの》はない。難儀《なんぎ》な者《もの》に金《かね》を貸《か》して遣《や》るは良《よ》いが、その返《かえ》されんようになるを知《し》っていて、利息《りそく》を先繰《せんぐ》り殖《ふ》やして借《か》り手《て》の頭《あたま》を圧《おさ》えて、抵当物《ていとうぶつ》（＝根抵当権を蕪大根という。蕪は株式の債権、大根を根抵当権という。これを明治維新に外国から導入し、大資本主義を構築する基本の一つとしたのが、渋沢栄一）を吾《われ》の所有《もの》に引《ひ》き込《こ》む思案許《しあんばか》り。これでも法律《ほうりつ》にさえ触《ふ》れない良《よ》いと申《もう》して、全然《まるきり》嬰児《あかご》の手《て》を捻《ね》じるような行《や》り方《かた》は、鬼《おに》とも蛇《じゃ》とも譬《たと》えられぬ。

世界《せかい》の一切《いっさい》の生産物《せいさんぶつ》は、一人一人《ひとりひとり》の私有《もの》でなく、皆天地《みなてんち》の所管《もの》で、世界《せかい》の人民《じんみん》が安心《あんしん》と幸福《こうふく》を享《う》ける為《ため》に、神様《かみさま》の御造《おつく》り遊《あそ》ばしたものである。

それを吾《われ》の所有《もの》のように思《おも》うて、強い者勝《ものが》ち弱《よわ》い者苛《ものいじ》め許《ばか》りして、欲許《よくばか》り考《かんが》えて、他人《ひと》が倒《たお》れて吾《われ》の所有《もの》になるように考《かんが》えておる熊鷹《くまだか》の土地《どち》呆《ぼ》けの、蛆虫等爪《うじむしめらつめ》の先端《さき》に火《ひ》を点《とも》して、食《く》う物《もの》もよう食《く》わずに金《かね》の番人《ばんにん》をして世界《せかい》の宝《たから》を横領《おうりょう》し世《よ》の中《なか》の難儀《なんぎ》になるのを高見《たかみ》から見物致《けんぶついた》す厄介者許《やっかいものばか》り、神《かみ》はその人間《にんげん》を改心《かいしん》さして助《たす》けて身魂《みたま》を安楽《らく》な所《ところ》へ導《みちび》き、末古末代喜《まんこまつだいよろこ》ばして遣《や》り、世界総体《せかいそうたい》を良《よ》くして遣《や》ろうとの深《ふか》き神《かみ》の思召《おぼしめ》しを、却《かえ》って逆様《さかさま》に感得《さと》りて、少《ちっ》とも誠《まこと》の教《おしえ》は耳《みみ》が痛《いと》うて聞《き》きとれず、あんな事《こと》を言《い》うて金《かね》を出《だ》さして吾《わ》れが甘《うま》い事《こと》をするのであろうと、己《おのれ》の心《こころ》に較《くら》べてどうしても改心《かいしん》出来《でき》ぬ可哀相《かわいそう》な人間《にんげん》ばかりである。

筆のしづ九　第五章

明治36年8月13日

(『神霊界』大正9年11月号)

(二八)　名無し草

神《かみ》の道《みち》雲《くも》井《い》の空《そら》を輝《てら》しつゝ　動《うご》かぬ君《きみ》が御世《みよ》を守《まも》りつ

冠句

曇《くも》り無《な》き心《こころ》の鏡天下《かがみてんか》一
慈《じ》悲《ひ》深《ふか》き心《こころ》の海《うみ》に浪《なみ》は無《な》し
気《き》を付《つ》けよ味方《みかた》の中《なか》に敵《てき》がある
顕《あら》はれて神《かみ》の出口《でぐち》の道開《みちびら》き
仕舞《しまひ》には忍耐力《にんたいりょく》が名《な》を挙《あ》げる

露《あらは》れて世間《せけん》へ恥《はじ》を柿《かき》の袖《そで》
羨《うらや》むな心《こころ》に錦《にしき》着《き》れば良《よ》い
今《いま》の世《よ》は誠《まこと》が一分《ぶ》嘘《うそ》が九分《ぶ》
俯向《うつむ》いて道《みち》を歩《あゆ》めば躓《つまづ》かぬ
何時《いつ》見《み》てもアヽ罪《つみ》が無《な》い児《こ》の寝顔《ねがほ》
くらがりで弥仙《みせん》の山《やま》に神集《かむつど》ひ

◉夜《よ》か明《あ》けた弥仙《みせん》の山《やま》で朝《あさ》の間《ま》に　天《あま》の岩戸《いはと》の御戸《みと》を開《ひら》きて

◆弥仙山の岩戸開き　これは弥仙山の「天の岩戸開き」（明治36年5月24日）の目出度い神事に関するもので、筆録が明治36年8月13日、『神霊界』大正9年11月号に掲載される。この小見出しに「名無し草」と付けられ、「あまり意味のない草」という意味があります。当時の大本では大神業で、「気を付けよ味方の中に敵がある」「今の世は誠が一分嘘が九分」「何時見てもア、罪が無い児の寝顔」と、この祝祭には意味がありそうです。

本文の「ア、罪が無い児の寝顔」とあるのは、大本三代教主になられる出口直日さん、誕生日は明治35年3月7日で、生れてから1年と2ケ月が過ぎての弥仙山参詣です。

（二九）

（『神霊界』大正9年11月号）

世《よ》の中《なか》に何《なに》も知《し》らぬもの程楽《ほどらく》なものは無《な》い。如何《どん》な事《こと》を言《い》われても腹《はら》も立《た》たず、何《なに》違《ちご》うた事聞《ことき》いても疑《うたが》わず、誠《まこと》の事《こと》を聞《き》いても疑《うたが》わず、何《なに》も彼《か》も真《ま》に受《う》けて安心《あんしん》して暮《くら》す事《こと》が出来《でき》るが、困《こま》るのは途中半《とちゅうはん》の生物知《なまものし》りである。如何《どん》な結構《けっこう》な事《こと》を聞《き》いても疑《うたが》い、一つく物事《ものごと》に心配《しんぱい》して迷《まよ》い探《さが》し、人《ひと》の言《い》う事《こと》が真《まこと》に受《う》けられずして、年《ねん》が年中要《ねんじゅうい》らぬ苦労許《くろうばか》りして、安心立命《あんしんりつめい》と言《い》う事《こと》が判《わか》らんのである。一向卓越《いっこうずぬけ》て万事《ばんじ》の悟《さと》りを開《ひら》いて、大聖人《だいせいじん》になって仕舞《しま》えば結構《けっこう》であるが、そこ迄行《までゆ》く者《もの》は、幾千万人《いくせんまんにん》の中《うち》、僅《わず》か一《ひと》人《り》あるか無《な》いか位《くら》いな者《もの》である。その一人《ひとり》の大聖人《だいせいじん》がどうじゃというと、矢張《やは》り何《なに》も知《し》らんなんだ折程《おりほど》の、安心《あんしん》は得《え》られぬのである。哲学《てつがく》なり宗教《しゅうきょう》なりに余《あま》り深入《ふかい》りすると、何《なに》が何《なに》やら薩張《さっぱ》り訳《わけ》が判《わか》らんようになって来る。宗教《しゅうきょう》も段々有難味《だんだんありがたみ》が薄《うす》くなって来《く》る。有難味《ありがたみ》の薄《うす》くなった宗教《しゅうきょう》は、最早安心立命《もはやあんしんりつめい》の道具《どうぐ》にはならぬのである。

「相見《あひみ》（=相手を見る。対面する）ての後《のち》の心《こころ》に較《くら》ぶれば昔《むかし》は物《もの》を思《おも》はざりけり」の古歌《こか》につまされて、知《し》らぬ昔《むかし》が余程《よほど》この世《よ》を安楽《あんらく》に送《おく》りたる事《こと》を恨《うら》むようになって来《く》る者《もの》で、知《し》る程《ほど》詰《つま》らぬものは無《な》いようだ。

（『神霊界』大正9年11月号）

（三〇）

艮《うしとら》の大金神出口《だいこんじんでぐち》の神《かみ》、変性男子《へんじょうなんし》の身魂《みたま》、稚《わか》（若《わか》）姫岐美《ひめぎみ》の命《みこと》の御神徳《ごしんとく》の概略《あらまし》を、ぐるぐる廻《まわ》る水車《みずぐるま》の世《よ》に譬《たと》えて見出《みだ》しを、「みづぐるま」とつけて、下《くだ》らぬ事《こと》を書《か》き誌《しる》し侍《はべ》りぬ。幸《さいわ》い咎《とが》め給《たも》うなかれ。

みづぐるま

（その一）

●う○し○と○ら○の○こ○ん○じ○ん○へ○ん○
●しょなんしがたかくらじ○
●とあらはれてなにかによ○

…………………

艮《うしとら》の金神変性男子《こんじんへんじょうなんし》が
高倉下《たかくらじ》（＝神典では神武天皇を助けた神。天火明命の子供。鎮魂の神）と
現《あら》われて何《なに》かに

←

ら●ずすみすみをしゆごう○
の●あるよになるゆへみな○
こ●ころをなほさなゝらん○
ん●ぶがひにつきにはげし○
し●んみんがとてもかなわ○
ん●とくるしむこのよをか○
へ●てまつのみよとなしひ○
ん●きうしやをすくうため○
じ●つとまことのつらいぎ○
よ●うをはげみじんみんみ○
な●をよろこばせてあんの○

⇦

よらず隅々《すみずみ》を守護《しゅご》の
ある世《よ》になる故皆《ゆえみな》
心《こころ》を直《なお》さなゝらん
運否《うんぷ》が日《ひ》に月《つき》にはげし
人民《じんみん》がとてもかなわんと
苦《くる》しむこの世《よ》を
変《か》えて松《まつ》の御世《みよ》となし
貧窮者《ひんきゅうしゃ》を救《すく》うため
じっと誠《まこと》の辛《つら》い
業《ぎょう》を励《はげ》み人民《じんみん》
皆《みな》を喜《よろこ》ばせて安穏《あんのん》に

ん●にしてやりたいとのみ○
し●んゆうをたてとしよこ○
わ●へんぜうのしのみこと○
か●あらわれ四《し》魂《こん》そろうて○
ひ●ろいせかいをことぐく○
め●ぐみたすくるはでぐち○
き●よそのまことのみちの○
み●おしへぞ、よものてんか○
の●、どろをあらいきよめみ○
み●のあなまできよめて、と○
こ●とんかいしんさせて、あ○

してやりたいとの
御神諭《ごしんゆ》を経《たて》とし緯《よこ》は
変性女子《へんじょうにょし》の尊《みこと》が
現《あら》われ四魂《しこん》そろうて
広《ひろ》い世界《せかい》をことぐく
恵《めぐ》み助《たす》くるは出口《でぐち》
教祖《きょうそ》の誠《まこと》の道《みち》の
御教《みおしえ》ぞ、四方《よも》の天下《てんか》
の、泥《どろ》を洗《あら》い清《きよ》め
耳《みみ》の穴《あな》まで清《きよ》めて、と
ことん改心《かいしん》させて、

●ともどりしてならんから○、
●てんちのめいれいで、おもわ○
●くさつぱり上十いたされ○
●ちのあらんかぎりあら玉○
●のかみとあらはれたまふ○

（その二）

●うしとらのこんじんへんじよなん○
●しでぐちのかみとへんじよによし○
●とのみたまがかみのおんふねにの○
●らせてよにかくれていませしかみ○
●のちからをあらはしてよにおちた○

後戻《あともど》りしてならんから、
天地《てんち》の命令《めいれい》で、思惑《おもわく》
さっぱり成就致《じょうじゅいた》され
地《ち》のあらん限《かぎ》りあら玉
の神《かみ》と現《あらわ》れ玉《たま》ふ

（その二）

艮《うしとら》の金神変性男子《こんじんへんじょうなんし》
出口《でぐち》の神《かみ》と変性女子《へんじょうによし》
との神霊《みたま》が神《かみ》の御舟《おんふね》に乗《の》
らせて世《よ》に隠《かく》れていませし神《かみ》
の力《ちから》を表《あらわ》して、世《よ》に落《お》ちた

●こんじんさまをのこらすあげてま○
●んごまつだいつづかさんことにわ○
●じんこくのくにがつふれるからか○
●んなんをなめたまひてんかをたひ○
●へいにおさめてこのよをあらため○
●んことにはにほんのくらいもなき○
●しだいであるからまつのよのかみ○
●よにたえかへてさんせんせかいの○
●なんぎをたすけてよろこぶしんみ○
●んのみにしてやりたいとゆひのこ○
●しにもたとへにもなきようなこと○

金神様《こんじんさま》を残《のこ》らず揚《あ》げて
万劫末代続《まんごうまつだいつづ》かさんことには
神国《しんこく》の国《くに》が潰《つぶ》れるから
艱難《かんなん》をなめ給《たま》い天下《てんか》を太《たい》
平《へい》に治《おさ》めてこの世《よ》を改《あらた》め
んことには日本《にほん》の位《くらい》もなき
次第《しだい》であるから松《まつ》の世《よ》の神《かみ》
代《よ》に立替《たてか》えて三千世界《さんぜんせかい》の
難儀《なんぎ》を助《たす》けて喜《よろこ》ぶ人民《じんみん》
のみにしてやりたいと言《い》い遺《のこ》
しにも喩《たと》えにもなきようなこと

●のおほきなおしぐみをあそばして○
●みろくのよにたてかへことことく○
●たすけのふねにのせてしゆらのち○
●またをとうりぬけたかまのはらの○
●わかひめぎみのみことせかいのか○
●かみにうつしてぜんにみがきこみ○
●ひかりかがやくみたまにしつみと○
●めぐりをおほもとのすゐしよのあ○
●きのみづにてあらひながしたなら○
●みちがよくわかりだし一《ひと》すじなは○
●のようにまよいのくろくもがはれ○

の大《おお》きな御経綸《おしぐみ》を遊《あそ》ばして
弥勒《みろく》の代《よ》に立替《たてか》へ事々《ことごと》く
助《たす》けの舟《ふね》に乗《の》せて修羅《しゅら》の
巷《ちまた》を通《とお》りぬけ高天原《たかあまはら》の
稚姫岐美命《わかひめぎみのみこと》世界《せかい》の
鑑《かがみ》に写《うつ》して善《ぜん》に磨《みが》き込《こ》み
光輝《ひかりかがや》く霊魂《みたま》にし罪《つみ》と
罪悪《めぐり》を大本《おほもと》の水晶《すいしょう》の
秋《あき》の水《みず》（秋水）にて洗《あら》いながしたなら
道《みち》がよく判《わか》り出《だ》し一筋縄《すじなわ》
のように迷《まよ》いの黒雲《くろくも》が晴《は》れ

みはたかさごのはまべにしげりた○
こぼくのまつがえあやべがたかま○
とさだまりてこのよもつつがなふ○
でぐちのかみとあらはれたまふ

……………………

身《み》は高砂《たかさご》の浜辺《はまべ》に茂《しげ》りた
古木《こぼく》の松《まつ》ケ《が》枝《え》綾部《あやべ》が高天《たかま》
と定《さだ》まりてこの世《よ》も恙《つつが》なう
出口《でぐち》の神《かみ》と現《あらわ》れ玉《たま》う

（三一）

明治36年9月7日（『神霊界』大正9年11月号）

近欲《ちかよく》な信者《しんじゃ》が、艮《うしとら》の金神《こんじん》の教《おしえ》は薩張《さっぱ》り嘘《うそ》でありたと申《もう》して、取違《とりちが》いして一旦《たん》足向《あしむ》きもせなんだがそろ〳〵とお筆先《ふでさき》の実地《じっち》が実現《じつげん》して来《き》だしたので、又《また》ぼつ〳〵と寄《よ》りて来《き》だしたが、今度《こんど》世界《せかい》の大戦《たいせん》がありても、世界中《せかいじゅう》の立替立直《たてかえたてなお》しであるから、左様《さよう》早《はや》くばた〳〵と埒《らち》の明《あ》くものでも無《な》いなり、甘《うま》い事《こと》ばかりに実現《で》て来《こ》んので、又《また》誑《だま》されたと言《い》うて不足《ふそく》斗《ばか》り申《もう》して御神徳《ごしんとく》を堕《おと》すものが沢山《たくさん》出来《でき》る。人民《じんみん》位《くらい》心《こころ》の醜《みぐる》しき近欲《ちかよく》な者《もの》は無《な》い。大望《たいもう》が有《あ》り出《だ》したら、その時《とき》を無事《ぶじ》に過《すご》せたら、結構《けっこう》な御神徳《ごしんとく》であるのに、余《あま》り欲《よく》な事斗《ことばか》り思《おも》うて、大望斗《たいもうばか》り待《ま》ちて居《お》ると、薩張《さっぱ》りスコタン喰《く》らわなならんぞ。

神様《かみさま》の経綸《こと》は皆神界《みなしんかい》でなさる事斗《ことばか》りであるから、浅薄《あさはか》な人民《じんみん》の智恵《ちえ》で良《よ》い加減《かげん》な事《こと》を考《かんが》えて居《お》ると、大《おおい》に物《もの》が間違《まちが》うのである。又《また》この大本《おほもと》の差添《さしそえ》の中《なか》にも、この意味《いみ》の分《わか》らん者《もの》が沢山有《たくさんあ》るが、余程心《よほどこころ》を磨《みが》いて居《お》らんと、斯様大望《こんなたいもう》が五年《ねん》や十年《ねん》に全然成就《すっくりじょうじゅう》するもので無《な》いから、その心算《つもり》で用意《ようい》を致《いた》さんと、後《あと》で神《かみ》に不足《ふそく》を言《い》わねばならぬぞ。

艮《うしとら》の金神様《こんじんさま》は、みたま○○○の立替《たてかえ》をなさるのである。精神上《せいしんじょう》の王国《おうこく》を立《た》てるのであるから、この事《こと》をくれぐ〵も念《ねん》を押《お》して置《お》く。裏《うら》の筆先《ふでさき》を皆軽《みなかろ》う見《み》て居《お》るが、是《これ》も見《み》て置《お》かねば、充分《じゅうぶん》の経綸消息《ことと》が判《わか》りかけんから、緯《よこ》の筆先《ふでさき》に細《こま》こうあらわしておく。

（三二）　いろは歌

（『神霊界』大正9年11月号）（著作集 第八十八）

い　一分《ぶ》と九分《ぶ》とのこの戦《たたか》ひで、三千世界《さんせかい》を立《た》て直《なほ》す、出口《でぐち》の加美《かみ》の雄《を》々《を》しさよ、日《に》本《ほん》の国《くに》の宝塚《たからづか》。

ろ　論《ろん》より証拠《せうこ》見《み》ておじゃれ、今《いま》に世界《せかい》が立《た》て変《かは》る、出口《でぐち》の神《かみ》が顕《あら》はれて、変性男子《へんせうなんし》の御威徳《ごゐとく》で。

は　早《はや》ふ待《ま》ちます松《まつ》の世《よ》来《く》るを、悪《あく》の世界《せかい》を立直《たてなほ》し、人《ひと》が勇《いさ》みて暮《くら》す世《よ》を、変性男子《へんせうなんし》の御威徳《ごゐとく》で。

に　俄信心間《にはかしんじんま》に合《あ》ひかねる、龍宮館《りうぐうやかた》に集《つど》ひ来《き》て、大和魂《やまとだましひ》を磨《みが》く可《べ》し、大本神《おほもとがみ》の御教《みをしへ》で。

ほ　本宮村《ほんぐうむら》の坪《つぼ》の内《うち》、斯様《こん》な結構《けっこう》を白波《しらなみ》の、龍宮館《りうぐうやかた》に建《た》てられし、灯台下《とうだいもと》は真《しん》の暗黒《やみ》。

へ　返報《へんぽう》がへしは皆是《みなこれ》からよ、日本《にほん》奪《と》ろうと悪神《あくがみ》め等《ら》が、企《たく》みし事《こと》も水《みづ》の泡《あは》、今《いま》に泣《な》き面《づら》掻《か》くなよ。

と　東洋西洋天地《とうやうせいやうてんち》の為《ため》に、日本男子《にっぽんだんし》の肝玉《きもだま》を、鍛《きた》ふて世界《せかい》へ見《み》せてやろ、日本《にほん》の国《くに》の神力《しんりき》で。

ち　畜生《ちくせう》斗《ばか》り斯《こ》の世《よ》の中《なか》を　出口《でぐち》の神《かみ》と表《あら》はれて、真実水晶《まことすいしやう》の国《くに》にする、綾《あや》の錦《にしき》を織《お》り成《な》して。

り　龍宮館《りうぐうやかた》の高天原《たかあまはら》が、綾部《あやべ》にあるとは誰《だれ》も知《し》らぬ、世界《せかい》の大元《もと》に成《な》る処《ところ》。

ぬ　ぬらりくらりと、べんちゃら言《い》ふて、人《ひと》を誑《たば》かる悪魔《あくま》の世界《せかい》、善《ぜん》に見《み》へても鬼斗《おにばか》り。

る　流浪《るらう》して居《い》て、世界《せかい》を守《まも》り、悪魔鬼神《あくがみおにがみ》と譏《けな》されて、善《ぜん》を竭《つく》しています神《かみ》。

を　冠島《おしま》沓島《めしま》（=丹後の沖合、若狭湾の無人島）の荒海原《あらうなばら》を、龍宮《りうぐう》さんの御守護《ごしゅご》で、神《かみ》の御告《おつ》げで進《すす》み行《ゆ》く、出口《でぐち》の神《かみ》の勇《いさ》ましさ。

わ　吾《わ》れも私《わし》もと目的《もくてき》つけて、来《き》ても誠《まこと》の無《な》いものは、神《かみ》が見分《みわ》けて取合《とりあ》はぬ。

か　角《かく》文《も》字《じ》横《よこ》文《も》字《じ》（＝漢字や西洋文字）、皆《みな》むづかしい、老幼婦女子《らうえうふによし》に知《し》れ易《やす》き、いろはの仮《か》名《な》に直《なほ》したい。

よ　欲《よく》に迷《まよ》ふて誠《まこと》の道《みち》を、捨《す》てゝ地獄《ぢごく》へ墜《お》ちて行《ゆ》く、今《いま》の人民《じんみん》九分《ぶ》九厘《りん》。

た　魂《たま》を磨《みが》いて改心《かいしん》なされ、高天原《たかあまはら》の大本《おほもと》で、神《かみ》と勇《いさ》みて暮《くら》させる。

れ　礼儀作法《れいぎさはふ》も口先斗《くちさきばか》り、今《いま》の世界《せかい》の人民《じんみん》は、心《こころ》に礼儀《れいぎ》の影《かげ》もない。

そ　そぐり上《あ》げたる水晶魂《すいせうだま》を、高天原《たかあまはら》へと曳《ひ》き寄《よ》せて、天《あま》の岩戸《いはと》を開《ひら》かせる。

つ　積《つも》る思《おも》ひは、神世《かみよ》の昔《むかし》、艮鬼門《うしとらきもん》へ押籠《おしこ》められて、今《いま》に晴《は》れ無《な》い神《かみ》の胸《むね》。

ね　願《ねが》ひ叶《かな》ふて時節《じせつ》が到来《まい》り、二度《ど》目《め》のこの世《よ》を立直《たてなほ》す、出口《でぐち》の神《かみ》の御神徳《ごしんとく》。

な　泣《な》くな口惜《くや》むな世界《せかい》の者《もの》よ、今《いま》にこの世《よ》が立直《たてなほ》り、松《まつ》の神世《かみよ》と鳴《な》り響《ひび》く。

ら　楽《らく》に暮《くら》すも心配《しんぱい》するも、心《こころ》一つの持《も》ち方《かた》ぞ、心《こころ》の鬼《おに》を叩《たた》き出《だ》せ。

む　昔《むかし》の神代《かみよ》が廻《めぐ》り来《き》て、世《よ》に落《お》とされし神々《かみがみ》が、喜《よろこ》び勇《いさ》む頼《たの》もしさ。

う　海《うみ》の底《そこ》にも深山《みやま》の奥《おく》も、守護《しゅご》まします世界《せかい》の中《うち》は、神《かみ》の居《い》まさぬ所《ところ》は無《な》い。

ゐ　医者《いしゃ》や薬《くすり》で癒《なほ》らぬ者《もの》は、この世《よ》の聾明盲目《つんぼあきめくら》、それに心《こころ》の悪疾《わるやまひ》。

の　残《のこ》らず金神《こんじん》世《よ》に顕《あら》はれて、出口《でぐち》の神《かみ》の神徳《しんとく》で、三千世界《さんぜんせかい》を守護《しゅご》する。

お　鬼《おに》の来《こ》ん間《ま》に世界《せかい》の人《ひと》よ、心《こころ》の洗濯《せんたく》するが良《よ》い、軈《やが》て天地《てんち》が立替《たてかは》る。

く　公人役人《くにんやくにん》この世《よ》の頭目《かしら》、心《こころ》の悪《わる》い四ツ足《あし》は、今度《こんど》の際《さい》には立直《たてなほ》す。

や　山《やま》の谷《たに》まで世界《せかい》が曇《くも》り、神《かみ》の坐《ま》します場所《とこ》が無《な》い、金輪奈落《こんりんならく》の底《そこ》の世《よ》は。

ま　誠心《まことごころ》で出《で》て来《き》たなれば、神《かみ》の席迄《せきまで》曳《ひ》き上《あ》げて、誠聴《まことき》かせる大本《おほもと》ぞ。

け　毛筋違《けすじちが》はぬ誠《まこと》の神示《しらせ》、是《これ》を真実《まこと》にせぬ人《ひと》は、心《こころ》に曇《くも》りある故《ゆえ》ぞ。

ふ　古《ふる》い昔《むかし》の神顕《かみあら》はれて、末法《すえ》のこの世《よ》を立直《たてなほ》し、一度《ど》に開《ひら》ける梅《うめ》の花《はな》（＝神の御教）。

こ　心斗《こころばか》りの信神《しんじん》なれば、こんな為易《しやす》い事無《ことな》いと、遠《とほ》い国《くに》から月詣《つきまゐ》り。

江　英米西大国日本《えべすだいこくにほん》の国《くに》を、何《な》んと思《おも》ふぞ神《かみ》の国《くに》、えび鯛主義《たいしゅぎ》とは虫《むし》が良《よ》い。

て　手本持《てほんも》たずに稽古《けいこ》もせずに、広《ひろ》い世界《せかい》の事《こと》を書《か》く、出口教祖《でぐちけうそ》の御神徳《ごしんとく》。

あ　数多《あまた》の信者《しんじゃ》が寄《よ》り集《あつ》まりて、心《こころ》を研《みが》く大本《おほもと》は、龍宮館《りうぐうやかた》の神《かみ》の神屋敷《かみやしき》。

さ　酒《さけ》も煙草《たばこ》も表面《うはべ》は断《た》ちて、無代《ただ》の酒《さけ》なら飲《の》み倒《たふ》す、耶蘇坊主《やそばうず》の偽善振《ぎぜんぶ》り。

き　汽車《きしゃ》や汽船《きせん》や電信電話《でんしんでんわ》、表面開《うわつらひら》けし世《よ》の中《なか》に、心開《こころひら》けぬ人斗《ひとばか》り。

ゆ　夢《ゆめ》か現《うつつ》か世界《せかい》の人《ひと》は、近欲許《ちかよくばか》りに眼《まなこ》が眩《くら》み、魂《たま》の行方《ゆくへ》に気《き》が付《つ》かぬ。

め　眼《め》には見《み》へねど天地《てんち》の神《かみ》は、人民保護《じんみんほご》のその為《ため》に、昼夜《ちうや》に御苦労遊《ごくろうあそ》ばさる。

み　道《みち》は二道善悪邪正《ふたみちぜんあくじゃせい》、心次第《こころしだい》に進《すす》み行《ゆ》く、泣《な》くも笑《わら》ふも胸《むね》の内《うち》。

し　思案《しあん》して見《み》よこの世《よ》は神《かみ》が、無《な》くて行《ゆ》けるか一日《にち》も、人《ひと》の細工《さいく》ぢゃ治《をさ》まらぬ。

ゑ　遠国近《ゑんごくちか》くの隔《へだ》ては無《な》いぞ、誠心《まことごころ》を神《かみ》は好《す》く、後《あと》の烏《からす》が先《さき》に成《な》る。

ひ　日《ひ》にち毎《まい》にち筆先出《ふでさきだ》して、世界《せかい》へ知《し》らす御役目《おんやくめ》、龍宮館《りうぐうやかた》の御簾《みす》の中《うち》。

も　百舌《もず》も雀《すずめ》も一緒《しょ》にせぬと、善《ぜん》と悪《あく》とを撰《よ》り分《わ》け、神《かみ》が出口《でぐち》の王仁三郎《おにさぶろう》。

せ　世界《せかい》の人々《ひとびと》改心《かいしん》なされ、聴《やが》て神代《かみよ》が出《で》てまゐる、そこで吃驚《びっくり》せぬやうに。

す　酸《す》いも甘《あま》いも皆尻《みなしり》の穴《あな》、おならの形《かた》まで能《よ》く判《わか》る、神《かみ》の誠《まこと》の御教《みをしへ》に。

京　京《けう》に田舎《いなか》があるのも道理《だうり》、京《けう》の田中《たなか》と云《い》ふ人《ひと》は、綾部《あやべ》の山家《やまが》で御用《ごよう》する。

●いろは思案《しあん》の外《ほか》という。思案《しあん》の外《ほか》のいろは歌《うた》、筋《すじ》も何《なに》も関《かま》わずに、又《また》も何時《いつ》もの出《で》放題《ほうだい》、三千世界《さんぜんせかい》を枡掛《ますか》け曳《ひ》いて、運否運《うんぷうん》を直《なお》す艮神《うしとらかみ》の、教尋《おしえたず》ねて王仁三郎《おにさぶろう》が、下《くだ》らぬ事《こと》を長々《ながなが》とかくの如《ごと》し。

——つゞく——

——◇◇◇——

○人間《にんげん》は死後《しご》の生活《せいくわつ》しらざれば
　富《と》みて生《い》くるも淋《さび》しかるらむ

○党本位《たうほんい》権力本位《けんりよくほんい》の政治家《せいぢか》は
　あれど国家《こくか》の政治家《せいぢか》ぞなき

王仁

筆のしづ九　第六章

明治36年9月8日

（『神霊界』大正9年12月号）

（三三）

今《いま》の学者《がくしゃ》は皆鼠《みなねずみ》の真似《まね》ばかりして、昔《むかし》の人《ひと》、他国《たこく》の人《ひと》の書《か》いた事《こと》ばかりを曳《ひ》き摺《ず》り出《だ》し、一つ書物《しょもつ》を著《あら》わすにも、直《す》ぐに何処《どこ》の誰《だれ》がこう言《い》うた、誰《だれ》の著《あら》わした書物《しょもつ》に、如斯《かく》書《か》いてあるではないかと引証《いんしょう》（＝他の事柄を引いて証拠とすること）ばかりして、己《おのれ》の説《せつ》を生《い》かそうとするのである。又沢山引証《またたくさんいんしょう》する程《ほど》、博識《はくしき》のように考《かんが》えて、肝腎《かんじん》の己《おのれ》の説《せつ》を何処《どこ》かへ失《うしな》って仕舞《しも》うて、何《なに》が何《なに》やら些少《すこし》も訳《わけ》が分《わか》らぬ。どの書物《しょもつ》を読《よ》んで見《み》ても、今《いま》の書物《しょもつ》は団栗《どんぐり》の背競《せくら》べばかりで、是《これ》ならと云《い》う如《よ》うな著述《ちょじゅつ》は一つも無《な》い。今《いま》の学者《がくしゃ》は丁度《ちょうど》生《い》きた字引《じびき》の口《くち》づけの如《よ》うなものであるから、正勝《まさか》の時《とき》の間《ま》に合《あ》う者《もの》は一人《ひとり》も無《な》い日本《にほん》も、真実《まこと》に情《なさ》け無《な》いでは無《な》いか。又今時《またいまどき》の浅薄《せんぱく》なる学問《がくもん》を勉強《べんきょう》すればする程《ほど》、人《ひと》の心《こころ》が理窟《りくつ》ぽく成《な》る斗《ばか》りで情《なさ》けと云《い》う事《こと》に薄《うす》くなる故《ゆえ》、自然《しぜん》と心《こころ》が鬼《おに》に化《な》り、水臭《みずくさ》い薄情《はくじょう》な個人主義《こじんしゅぎ》の人間《にんげん》に化《な》って仕舞《しま》うのである。こんな学者《がくしゃ》に日本未来《にほんみらい》の干城《かんじょう》たる可《べ》き、子弟《してい》の教育《きょういく》を当《あ》てまかして置《お》くのは、実《じつ》に国《くに》の為《ため》に危険極《きけんきわ》まるではないか。為《い》政者《せいしゃ》は深《ふか》く考《かんが》えなければなるまい。

（『神霊界』大正9年12月号）

（三四）

自分《じぶん》のして居《お》る事《こと》に、人《ひと》から横槍《よこやり》を入《い》れられると、兎角《とかく》に腹《はら》が立《た》つものである。誰《だれ》も皆吾《みなわ》れのして居《い》る事《こと》は良《よ》いと思《おも》うて遣《や》って居《お》るのであるから。あまり干渉《かんしょう》されると、気《き》の良《よ》くないものである。中《なか》には善《よ》い事《こと》でも悪《わる》い事《こと》でも構《かま》わずに、自分《じぶん》の気《き》に適《かな》うものでさえありたら、無茶苦茶《むちゃくちゃ》に賞《ほ》めるなり、吾《わ》れの気《き》に入《い》らんことは、無茶苦茶《むちゃくちゃ》に貶《けな》して悪《わる》く云《い》う、化物人足《ばけものにんそく》が世界《せかい》には沢山《たくさん》あるが、こんな頑固《がんこ》な没常識漢《ぼつじょうしきかん》に相手《あいて》になればなる程腹《ほどはら》が立《た》つから、病人《びょうにん》じゃと諦《あきら》めて、左様《さよう》な人足《にんそく》には相手《あいて》にならん方《ほう》が、腹《はら》が立《た》たんで得策《とくさく》である。兎《と》に角途中《かくとちゅう》の人足《にんそく》と言《い》うものは、人《ひと》の事《こと》が彼此《かれこれ》とかまいたいものであるが、「蛙《かえる》は口《くち》から」と云《い》う事《こと》を知《し》らぬからである。

◆蛙の口から　蛙は鳴き声をだすことから蛇に気づかれ、呑み込まれてしまう。余計なことを言ったために、災いを招いてしまうことのたとえ。類句・雉《きじ》も鳴かずば撃たれまい。口は禍の元。

◆大正6年春、蒙古行きの一端として、古語に南船北馬というから四頭の馬を飼育、背の高き馬、低き馬、おとなしき馬、激しき馬を乗りこなす。大正9年8月、大本幹部は出口聖師に相談もなく大阪梅田の『大正日々新聞』を記者はじめ丸ごと買収、立替の論陣を張り、教団は大負債を抱える。その結果、大正10年2月12日国家による第一次大本弾圧事件が起こり、出口聖師は、身の自由を拘束される。シベリアから、蒙古、エルサレムへ渡航予定の神業に大きな支障を与えてしまった。まさに「蛙の口」から災いを招いたのである。

（三五）

（『神霊界』大正9年12月号）

霊止《ひと》は万物《ばんぶつ》の霊長《れいちょう》であると申《もう》して、天地《てんち》の神《かみ》の直接《じきじき》の分身分霊《わけみたま》であるが、この結構《けっこう》なる分身分霊《わけみたま》を、薩張《さっぱ》り曇《くも》らして仕舞《しも》うて、夢《ゆめ》の現《うつつ》の如《よ》うな身魂《みたま》に化《な》って仕舞《しま》い、中《なか》には魂《たま》が腐敗《くさ》りに腐《くさ》り、立直《たてなお》しが出来《でき》んのもあり、又錆《またさび》ついて居《お》るのもあり、死《し》んだ同様《どうよう》の霊魂《みたま》の持主《もちぬし》もある。その中《なか》に錆《さび》ついた魂《みたま》は磨《みが》けば光《ひかり》が出《で》る如《よ》うになるが腐敗《くさ》りた魂《たま》や死《し》んだ魂《たま》は、磨《みが》けば磨《みが》く程《ほど》、尚悪《なおわる》くなる斗《ばか》りで、何程結構《なにほどけっこう》な教《おしえ》を聞《き》いても、解《わか》る気遣《きづかい》が無《な》いのである。その肉体《にくたい》は枉津《まがつ》の神《かみ》が憑《つ》いて居《い》て、蛆々《うじうじ》して居《お》れど、肝腎《かんじん》の開発統一楽天清浄魂《やまとだましい》が薩張《さっぱ》り抜《ぬ》け殻同様《がらどうよう》、そこへ四ツ足《あし》の枉津霊《まがつみたま》が喜《よろこ》んで宿《やど》にして、日本魂《やまとだましい》の抜《ぬ》けた胴殻《どうがら》を使《つこ》うて、この世《よ》を畜生原《ちくしょうはら》にして仕舞《しも》うたのである。

大和魂《やまとだましい》でさえあれば、例《たと》え肉体《にくたい》は無《な》くなっても、霊魂《みたま》は何時迄《いつまで》も神《かみ》の御側《おそば》に生々《いきいき》として、安楽《あんらく》に暮《く》らし乍《なが》ら世界《せかい》の守護《しゅご》することが出来《でき》るのは、生前《せいぜん》に変《かわ》らぬのである。この霊魂《みたま》が真実《しんじつ》の活魂《いくみたま》と申《もう》して万古末代《まんごまつだい》消《き》えぬ霊魂《みたま》である。併《しか》し肉体《にくたい》のある中《うち》に出精《しゅっせい》して、霊魂《みたま》の格位《くらい》を付《つ》けて置《お》かねば、人《ひと》は死《し》ぬ時《とき》の格位《くらい》が、霊魂《みたま》の代《だい》の格位《くらい》になるから最後《さいご》の来《く》る迄《まで》に充分用意《じゅうぶんようい》をしておくがよい。

（三六）　かぞえうた

明治36年9月10日（『神霊界』大正9年12月号）

一とつ　広《ひろ》い世界《せかい》を見渡《みわた》せば、水晶身魂《すいしょうみたま》の人《ひと》は無《な》い、清《きよ》き谷間《たにま》に唯一人《ただひとり》。

二たつ　深《ふか》い企画《たくみ》は深山《みやま》の奥《おく》も、海《うみ》の底《そこ》にも蜘蛛《くも》の糸《いと》。

三つ　見《み》れば見《み》る程《ほど》見《み》飽《あか》ぬものは、松《まつ》の緑《みどり》と梅《うめ》の花《はな》、何時《いつ》も変《かは》らぬ色香《いろか》あり。

四つ　夜《よる》の守護《しゅご》の末法《まっぽう》の世界《せかい》、軈《やが》て日《ひ》の出《で》を松《まつ》の国《くに》、艮金神《うしとらのこんじん》顕《あら》はれて。

五つ　何時《いつ》もこの世《よ》はこの儘《まま》行《ゆ》かぬ、時節到来《じせつきた》りて、世《よ》は替《かは》る、この世《よ》は持《も》ち切《き》りならぬから。

六つ　太古《むかし》の神代《かみよ》が廻《めぐ》り来《き》て、太元《もと》の松世《まつよ》に立替《たてかへ》る、二柱神《ふたはしらがみ》が顕《あら》はれて。
七つ　永《なが》い苦労《くろう》も世界《せかい》の為《ため》に、裏《うら》と表《おもて》の大活動《はたらき》で末法《すえ》の世界《せかい》を立直《たてなほ》す。
八つ　八百万《やほよろづ》、神有《かみあ》る中《うち》に艮《うしとら》の鬼門《きもん》の神《かみ》を天地《あめつち》の柱《はしら》と仰《あふ》げ大和国人《やまとくにびと》。
九のつ　此処《ここ》は綾部《あやべ》の高天原《たかあまはら》よ、心磨《こころみが》いて改心《かいしん》さして、外《ほか》へは行《や》らぬ壷《つぼ》の中《うち》。
十う　所々《ところどころ》の産土神様《うぶすなさま》は、今度《こんど》の御役《おやく》に立《た》ち出《い》づる、氏子氏子《うじこうじこ》を引《ひ》き連《つ》れて。

（『神霊界』大正9年12月号）

（三七）みづぐるま（その3）

←
⇩ほとゝぎすこゑはきけ⇦
と●もすがたはみへぬと○
と●なへられかしこくも○
き●もんのめしまにます○

←
す●さびのあらびがみが○⇦
こ●のよをいつまでもた○
ゑ●ぬようにとちちとは○
は●とのおやくめのかみ○

←

ぬ●	へ●	み●	わ●	た●	か●	す●	も●	と●	け●	き●
す	ん	な	い	ね	ら	す	ん	し	が	じ
び	上	か	も	を	や	め	へ	ん	を	ん
と	な	い	の	み	ま	も	か	み	さ	に
や	ん	し	な	な	と	一	く	ん	し	す
あ	し	ん	き	よ	だ	つ	れ	を	て	が
く	を	い	じ	り	ま	に	て	ま	は	た
ま	し	た	ん	わ	し	な	も	も	な	を
を	ら	さ	み	け	ひ	ら	づ	り	ら	か
か○	ん○	し○	ん○	こ○	の○	ん○	も○	き○	ぬ○	へ○

⇦

←

↓か●	ん●	し●	ん●	こ●	の●	ん●	も●	き●
げ●	と	よ	か	と	こ	な	の	あ
か●	な	を	ら	の	ん	ん	の	つ
ら●	げ	ま	こ	あ	じ	な	く	め
ま●	き	も	れ	り	ん	し	に	と
も●	つ	り	だ	が	す	て	へ	つ
り●	つ	よ	け	た	ゐ	う	く	く
た●	い	が	く	き	し	し	だ	に
ま●	つ	た	も	き	よ《う》	と	し	の
ふ●○	も○	た○	り○	も○	ま○	ら○	か○	け○

⇦

（三八）

明治36年8月24日（『神霊界』大正9年12月号）

艮《うしとら》の金神変性男子若姫岐美命《こんじんへんじょうなんしわかひめぎみのみこと》出口《でぐち》の神《かみ》の御教《みおしえ》に、がとう虫《むし》が蝉《せみ》に化《ば》けて、悪《あく》の報《むく》いで口《くち》が無《な》くなって、三日《みっか》の生命《いのち》で、末《すえ》は果敢《はか》ない事《こと》になるのはこの世《よ》の見《み》せ示《しめ》であるとの、お筆先《ふでさき》がある故《ゆえ》、その蝉《せみ》から思《おも》い付《つ》いて、田螺《たにし》と蝉《せみ》と福蛙《ふくがえる》とを寄《よ》せて、一つの譬喩《たと》え話《ばなし》を作《つく》ってみた。

○

田螺《たにし》が泥田《どろた》の中《なか》で大《おお》きな家《いえ》を曳《ひ》き摺《ず》って、暑《あつ》いのにウゴ〳〵しておると、そこへ蝉《せみ》が飛《と》んで来《き》て「お前《まえ》さん等《たち》はこの暑《あつ》いのに、大《おお》きな物《もの》を背負《せお》って、何《なに》をマゴ〳〵して御座《ござ》る」と尋《たず》ねた。田螺《たにし》は「私《わたし》は毎日日々暑《まいにちまいにちあつ》いのに、泥田《どろた》の中《なか》でこんな重《おも》い物《もの》を引《ひ》き摺《ず》り以《もっ》て、鼻《はな》の下《した》の建立《こんりゅう》に歩《ある》いて、僅《わず》かにその日《ひ》を暮《くら》して居《お》るのである」と答《こた》えた。

そこで蝉《せみ》が大変笑《たいへんわろ》うて言《い》うには、「同《おな》じこの世《よ》に住《す》まいをするなら、如何《いか》に暮《く》らしても一生《いっしょう》であるから、もチト出世《しゅっせ》をして、わしのように振《ふ》り袖《そで》や長袖《ながそで》になって、高《たか》い所《ところ》へとまって、涼《すず》しい思《おも》いをして、世界《せかい》の働《はたら》く奴《やつ》を馬鹿《ばか》にして、気楽《きらく》にして暮《く》らしたら、どうじゃ。一つわしの言《い》うようにして、一番出世《ばんしゅっせ》をして見《み》ると言《い》う気《き》は無《な》いか」

と勧《すす》めた。

そこで土《つち》より他《ほか》に味《あじ》を知《し》らぬ田螺《たにし》が貪慾心《どんよくしん》を起《おこ》して、自己《われ》の身分《みぶん》と言《い》う事《こと》を忘《わす》れて仕舞《しま》い、この世《よ》に左様《そん》な結構《けっこう》な事《こと》があるのなら、何卒私《なにとぞわし》にも教《おし》えては呉《く》れまいかと、一心頂礼《いっしんちょうらい》になって頼《たの》んだ。

そこで蟬《せみ》がさあ一杯甘《いっぱいうま》く懸《か》けてやったと、心《こころ》の内《うち》に雀躍《こおどり》して喜《よろこ》び、さも勿体振《もったいぶ》って言《い》うには、こんな結構《けっこう》な出世《しゅっせ》の道《みち》は、誰《だれ》にも教《おし》えられぬのであるけれども、お前《まえ》さんが、一とつ私《わし》の言《い》う事《こと》を肯《き》いて、如何《どん》な事《こと》でも蟬《せみ》どんの仰《おお》せられる事《こと》なら聞《き》いてやってみようと言《い》う、熱心《ねっしん》が有《あ》るなら、随分教《ずいぶんおしえ》て上《あ》げぬ事《こと》も無《な》いがと、速河《はやかわ》の瀬《せ》の水《みず》の流《なが》るゝような弁舌《べんぜつ》を揮《ふる》うて、大《おお》きな法螺《ほら》を吹《ふ》きかけた。

そうして蝉奴《せみめ》が居丈高《いたけだか》になって、ちっと言葉迄鼻《ことばまではな》にかけて、偉《えら》そうに空嘯《そらうそぶ》いて、自《じ》慢《まん》し出《だ》して言《い》う。

全体《ぜんたい》お前達《まえたち》は何時迄《いつまで》も、親譲《おやゆず》りの大《おお》きな家《いえ》を曳《ひ》き摺《ず》り歩《ある》いて居《お》る故《ゆえ》、その家《いえ》が重《おも》たくって邪魔《じゃま》になって身体《からだ》の自由《じゆう》が利《き》かん故《ゆえ》、何時迄《いつまで》も泥臭《どろくさ》い処《ところ》に、苦《くる》しんで居《い》なければならんのである。私《わたし》のように身《み》を軽《かる》うして、何《なに》も彼《か》も放棄《ほか》してしまえば、如《ど》何《ん》な高《たか》い処《とこ》へでも、一足飛《そくと》びに上《あが》れるようになって、この世《よ》は吾《わ》れの思《おも》う儘《まま》である。

高《たか》い木《き》にとまって、お前達《まえたち》が泥田《どろた》の中《なか》でうごくして、辛労《しんろう》ばかりしておるのを、高見《たかみ》から見物《けんぶつ》して、帷子《かたびら》の涼《すず》しい物《もの》を着《き》て、左扇《ひだりうちわ》を使《つか》い以《もっ》て、毎日日々鼻唄歌《まいにちまいにちはなうたうた》うて、音楽《おんがく》を奏《そう》していて、世界《せかい》の者《もの》を馬鹿《ばか》にして、暑《あつ》い思《おも》い知《し》らずに木《き》の陰《かげ》ばかりで、安楽《あんらく》に暮《くら》せるのであるから、お前《まえ》さんのように暑《あつ》い泥田《どろた》の中《なか》で、一生苦《いっしょうくる》しんで居《い》るより、一つ思案《しあん》を変《か》えなさい、私《わし》は昔《むかし》は、がとう虫《むし》と言《い》われて、お前《まえ》さんのように、土《つち》の中《なか》でうごくして、土許《つちばか》り食《く》うて、時《とき》には畠《はたけ》の作物《つくりもの》を荒《あら》しておりたが、ボツボツと考《かんが》えて見《み》ると、糞《くそ》の中《なか》に涌《わ》いた雪隠虫《せっちんむし》でさえ出世《しゅっせ》して、羽《はね》を生《は》やして、結構《けっこう》な人間《にんげん》さんの頭《あたま》へ上《あ》がりて暮《くら》す時節《じせつ》に、私《わし》はまた綺麗《きれい》な土《つち》の中《なか》に涌《わ》いたのであるから、雪隠虫《せっちんむし》に敗《ま》けては詰《つま》らんと言《い》う考《かんが》えを起《おこ》して、俄《にわか》に土《つち》の中《なか》が嫌《きら》いになって来《き》たので、親《おや》から貰《もろ》うた家《いえ》を藻《も》抜《ぬ》けの殻《から》にして、放棄《ほか》して仕《し》舞《も》うて、身軽《みがる》になったら、この通《とお》り出世《しゅっせ》が出《で》来《き》て、高《たか》い所《ところ》に勝手《かって》気儘《きまま》に、振《ふ》り袖《そで》を着《き》て、遊《あそ》び暮《くら》しが出来《でき》るようになったのであるから、お前《まえ》も出世《しゅっせ》がし度《た》くば、私《わし》のようにその重《おも》たい家《いえ》を放棄《ほか》して仕《し》舞《も》うて、裸体《はだか》になり褌《ふんどし》一《ひと》つになって、私《わし》のように為《し》て御《ご》覧《ろ》うじ、屹度《きっと》羽《はね》が生《は》えて、天迄《てんまで》も楽々《らくらく》と上《のぼ》るような出世《しゅっせ》が出来《でき》ると蝉《せみ》が弁《べん》に任《まか》して勧《すす》め説《》るので、欲深《よくぶか》い田螺《たにし》どんが、是《これ》は甘《うま》いことじゃ、木《き》に餅《もち》が生《な》るような話《はなし》じゃ。こんな結構《けっこう》な事《こと》があるなら、何故《なぜ》もっと早《は》よう知《し》らして下《くだ》さらなんだ。是《これ》から何事《なにごと》も貴方《あなた》の迎《おお》せの通《とお》りに致《いた》します。家《いえ》も衣類《きもの》も放棄《ほか》しまして、褌一《ふんどしひと》つになりますと言《い》うて、直《ただ》ちに蝉《せみ》の言葉《ことば》を信《しん》じて丸裸《まるはだか》になって仕舞《しも》うた。

そこでさあ是《これ》から先《さき》は如何《どう》しましょうと尋《たず》ねると、蝉《せみ》の言《い》うには、お前《まえ》はまだ蝸牛《でんでんむし》のように角《つの》を生《は》やしているが、その角《つの》を除《と》去って仕舞《しま》わん事《こと》には、出世《しゅっせ》が出来《でき》んと言《い》う。

そこで田螺《たにし》が、この角《つの》ばかりは手《て》の代《かわ》りであるから、是許《こればか》りは惜《お》しくてならんのであるけれども、此処迄何《ここまでなに》も彼《か》も貴方《あなた》に任《まか》したから故《ゆえ》、仰《おお》せに従《したが》うと言《い》うて放棄《ほか》して仕《し》舞《ま》った。さあそこで田螺《たにし》が、蝉《せみ》どん是《これ》から如何《どう》しましょうと、頭《あたま》を上《あ》げて見《み》ると、そこらに蝉《せみ》は居《お》らぬ。何処《どこ》へ行《い》ったかと空《そら》を向《む》いて見《み》ると、傍《かたわら》の大木《たいぼく》にとまって、田《た》螺《にし》の顔《かお》を見《み》て、阿呆《あほ》くと大《おお》きな声《こえ》で笑《わら》い出《だ》した。そこで田螺《たにし》が早《はよ》う此処《ここ》に来《き》て、羽《はね》の生《は》える方《ほう》を教《おし》えて下《くだ》さいと微《かす》かな声《こえ》で頼《たの》んだ。そうすると蝉奴《せみめ》が、大木《たいぼく》の上《うえ》からさも気楽《きらく》そうに、態々《ざまざま》と罵《のの》し出《だ》した。

其処《そこ》で田螺《たにし》が蝉《せみ》に誑《だま》されて家迄《いえまで》奪《と》られたのは詰《つま》らん事《こと》じゃと、眼《め》が覚《さ》めて来《き》て、何《どう》卒家《ぞいえ》は諦《あきら》めるから、衣類《きもの》丈《だ》けなりと、返却《かえ》して下《くだ》されと、手《て》を合《あ》わして泣《な》いて頼《たの》むと、蝉奴《せみめ》が又今度《またこんど》は一層《いっそう》大《おお》きな声《こえ》で、態見《ざまみ》い〲態々《ざまざま》々《ざま》ミンミンミーンと高笑《たかわら》いして田螺《たにし》の頭《あたま》の上《うえ》から、小便《しょうべん》をかけて、また隣《となり》の木《き》へ飛《と》び渡《わた》って仕舞《しも》うた。

その間《あいだ》に田螺《たにし》の身体《からだ》が夏《なつ》の日照《ひでり》で熬《に》えて来《き》て、もう隠《かく》れる家《いえ》が無《な》い、その間《あいだ》に頭《あたま》の方《ほう》から強直《こわばっ》て来《き》て、二進《にっち》も三進《さっち》も身動《みうご》きが出来《でき》ぬようになって来《き》たので、田螺《たにし》どんも進退《しんたい》ここに谷《きわ》まって、眼玉《めだま》ばかりグリ〲さして、残念《ざんねん》がってジリ〲悶《もだ》えして居《お》る処《ところ》へ福蛙《ふくがえる》が穢《きたな》い衣物《きもの》を着《き》て、黒《くろ》い顔《かお》してゴソリ〲と、四辺《あたり》を覗《のぞ》きつゝやって来《き》て、今《いま》この田螺《たにし》の裸体《はだか》になって、難渋《なんじゅう》して死《し》にかけて居《お》るのを見《み》て、さも気《き》の毒《どく》そうな顔《かお》して、お前《まえ》さんはそこに裸体《はだか》で何《なに》をして居《お》るかと、親切《しんせつ》に尋《たず》ねかけた。

そこで田螺《たにし》は泣《な》く〳〵、前《まえ》の蝉《せみ》に誑《だま》された事《こと》を一々話《いちいちはな》すと、福蛙《ふくがえる》が面《つら》をふくらして、太《ふと》い息《いき》を吐《つ》いて、ア、お前《まえ》さんは欲《よく》に呆《ほう》けて、情《なさ》けない事《こと》をなさったものじゃ、もうこうなってから、どれ丈《だ》けジリ〳〵悶《もだ》えしたとて、本《もと》に復《かえ》りませんよ。全体《ぜんたい》お前《まえ》さん田螺《たにし》なら田螺丈《たにしだ》けの所作《しょさ》をして、お土《つち》を大切《たいせつ》にして、土《つち》の中《なか》を出入《ではい》りして、働《はたら》いておりさえすれば、安楽《あんらく》に暮《くら》せるお前《まえ》さんであるのに、身分《みぶん》に過《す》ぎた出世《しゅっせ》を、苦労《くろう》なしにしようとなさるから、左様《そん》な詰《つま》らん蝉《せみ》の山子《やまこ》に係《かか》りなさるのじゃ。弁《べん》の良《よ》い者《もの》の口車《くちぐるま》に乗《の》ると、誰《だれ》に由《よ》らずこんな眼《め》に遇《あ》わされます。この世《よ》には、口先《くちさき》ばかりで暮《くら》す魔物《まもの》が有《あ》るから、貪欲《どんよく》なものは、何時《いつ》もかけられて難儀《なんぎ》するのである。お前《まえ》さんも、身分《みぶん》相応《そうおう》と言《い》う事《こと》を忘《わす》れなさるから、こんな眼《め》に遇《あわ》されて、溝《みぞ》へ落《お》ちて困難《こんなん》するのである。

私《わたし》も世界《せかい》の者《もの》から、蛙《かわず》の行列向《ぎょうれつむこ》う見《み》ずと言《ゆ》うて、笑《わら》われておりますけれども、貴方《あなた》のように丸裸《まるはだか》になる処迄《とこまで》は、呆《とぼ》けるような事《こと》はしません。私《わたし》は昼《ひる》の間《ま》は遠慮《えんりょ》して、路《みち》の縁《ふち》を歩《ある》いたり、草《くさ》の中《なか》や土《つち》の中《なか》に黙然《じっ》として、潜《もぐ》り込《こ》んでおりまして、日《ひ》の暮《くれ》になって、蛇《へび》や人《ひと》の眼《め》に留《とま》らんようになってから、徐々《そろそろ》と出《で》まして蚊《か》を吸《す》ったり、草《くさ》の露《つゆ》を嘗《な》めてお土《つち》をねぶらして貰《もら》って、足袋《たび》も穿《は》かず下駄《げた》も穿《は》かずに、一枚《まい》で暮《くら》しておりますが、何《なに》一つ不自由《ふじゆう》と言《い》う事《こと》はありませぬ。

また私《わたし》は頭《あたま》を上《あ》げて倣《たか》ぶるのが嫌《いや》である故《ゆえ》、何時《いつ》も下向《したむ》いて、誰《だれ》にも頭《あたま》を下《さ》げて、拝礼《おじぎ》ばかりしておりますので、誰《だれ》も悪《にく》むものは在《あ》りません。また人《ひと》が出《で》て来《き》まして、頭《あたま》から踏《ふ》まれましても、ギューと言《い》うような目《け》に遇《あ》わされましても、知《し》らん顔《かお》して辛抱《しんぼう》しておりますので、百姓《ひゃくしょう》の蛙切《かわずき》り殿《どの》が、日《ひ》の暮《くれ》まぎれに茄子《なすび》でも踏《ふ》んだのじゃと思《おも》うて、通《とお》りて行《い》って仕舞《しま》うので、滅多《めった》に生命迄《いのちまで》奪《と》られると言《い》うような事《こと》はなし、又冬《またふゆ》が来《く》れば土《つち》の中《なか》に引込《ひっこ》んでお土《つち》の温《あたたか》い思《おも》いをして、春《はる》を待《ま》つと言《い》う遣《や》り方《かた》であるから、些少《すこし》も落度《おちど》無《な》しに、お土《つち》のお蔭《かげ》で安楽《あんらく》に暮《くら》せますが、お前《まえ》さんはこの結構《けっこう》なお土《つち》の中《なか》に住《す》みながら、お土《つち》の御恩《ごおん》を忘《わす》れてしもうて、人《ひと》の口車《くちぐるま》に乗《の》って、近慾《ちかよく》に迷《まよ》うて、苦労《くろう》なしで一足飛《そくと》びに出世《しゅっせ》して、底《そこ》のない天《てん》へでも昇《のぼ》ろうと言《い》うような、慾心《よくしん》があったから、狡猾《こうかつ》な蝉《せみ》に心《こころ》を観破《よま》れて、谷底迄《たにそこまで》落《おと》されて、嬲《なぶ》りものに遇《あ》わされたのであるが、詰《つま》り己《おの》が刀《かたな》で己《おの》が首切《くびき》ると言《い》うのはお前《まえ》さんの事《こと》である。気《き》の毒《どく》でも、もうこうなってから助《たす》けて上《あ》げる訳《わけ》には行《ゆ》かぬ。世界《せかい》の貴方《あなた》は良《よ》い見《み》せ示《しめ》に心《こころ》から成《な》りなさったのであります。又貴方《またあなた》を誑《だま》した蝉《せみ》も、今《いま》はあのように高《たか》い処《ところ》に止《と》まって偉《えら》そうに見物《けんぶつ》して、何時迄《いつまで》もあの儘《まま》で暮《くら》せる如《よ》うに思《おも》うておりますが、見《み》ておりなされ、今《いま》に天《てん》の罰《ばつ》で、息《いき》の根《ね》が止《と》まってしもうて、蟻《あり》の餌食《えじき》になるのです。

この世《よ》は空《う》つ蝉《せみ》の世《よ》と言《い》うて夢《ゆめ》の世《よ》の中《なか》であるが、悪《わる》い奴《やつ》は屹度《きっと》神様《かみさま》が、仇《かたき》を討《う》って下《くだ》さるから、安心《あんしん》なさい。また貴方《あなた》がこんな目《め》に遇《あ》うのも、蝉《せみ》ばかりが悪《わる》いと思《おも》って恨《うら》めぬが良《よ》ろしい。

お前《まえ》さんの心《こころ》の中《なか》に住《す》んでおる、心《こころ》の鬼《おに》がこんな目《め》に遇《あ》わしたのであるから、心程《こころほど》恐《おそ》ろしいものは有《あ》りませぬと言《い》うて、福蛙《ふくがえる》が説論《ときさと》しておる間《ま》に、先程《さきほど》から高《たか》い木《き》の枝《えだ》に止《と》まって、大《おお》きな声《こえ》で唄《うた》ったり笑《わろ》うたりしておりた蝉《せみ》の最後《さいご》が来《き》たと見《み》えて、蝉《せみ》の声《こえ》が段々《だんだん》と遠《とお》くなって来《き》て、悲《かな》しそうな声《こえ》を絞《しぼ》り出《だ》し、穴《あな》にでも這入《はい》るような心《こころ》になってしもうて、是非々々是非《ぜひぜひぜひ》がない。

善悪《ぜんあく》の見《み》せ示《しめ》と言《い》うて、泣《な》き死《じに》をして仕舞《しも》うたが最後《さいご》、高《たか》い木《き》の空《そら》から真《ま》っ逆様《さかさま》に墜落《ついらく》してしもうた。そこを蟻《あり》の働《はたら》き手《て》が、沢山《たくさん》寄《よ》って集《たか》って、手足《てあし》を切《き》ったり、身体中《からだじゅう》を切割《きりわ》りにして、己《おのれ》の巣《す》へと持《も》ち運《はこ》び出《だ》したのを、福蛙《ふくがえる》が見《み》て、ア、恐《こわ》い恐《こわ》い、悪《あく》の応報《むくい》はあの通《とお》りであるが、田螺《たにし》さん貴方《あなた》も早《はや》く改心《かいしん》なさい。私《わたし》はこれから吾《わ》が家《や》へ帰《かえ》るとも何《なん》とも言《い》わずに、ノソリくと叢《くさむら》の中《なか》に這《は》い込《こ》んでしまった、後《あと》で田螺《たにし》が天《てん》を仰《あお》ぎ地《ち》に伏《ふ》して、慨《なげ》き悲《かな》しめども、もう後《あと》の祭《まつ》り、次第々々《しだいしだい》に身体中《からだじゅう》が痺《しび》れて来《き》て、七転八倒《しちてんはっとう》して悶《もだ》え苦《くる》しんで、死《し》んでしまったのである。

是《これ》は出口《でぐち》の王仁三郎《わにさぶろう》が譬喩《たとえ》に書《か》いたのであるから、是《これ》を読《よ》んだり聞《き》いたりして、充《よ》分自己《くわれ》の心《こころ》を考《かんが》えて見《み》るが可《よ》い。お筆先《ふでさき》に「心《こころ》一つの持《も》ちようで、善《ぜん》にも悪《あく》にもなれる、楽《たの》しんで暮《くら》そうと、苦《くる》しみて暮《くら》そうと、心《こころ》一とつであるぞよ」との御教《みおしえ》汲《く》み取《と》りて、余《あま》り身分《みぶん》に過《す》ぎた目的《おもわく》を立《た》てると、丁度《ちょうど》田螺《たにし》の如《よ》うになるから、心程《こころほど》恐《おそ》ろしいものはないのである。

一言申《ひとこともう》すと、田螺《たにし》と蝉《せみ》と福蛙《ふくがえる》との話《はなし》を譬《たと》えに書《か》いたのであるから、取違《とりちが》いせんようにして貰《もら》いたい。誠《まこと》の神様《かみさま》の御教《みおしえ》に随《したが》っての事《こと》なら、如何《どん》な運命《うんめい》に陥《おちい》ろうが、心配《しんぱい》には及《およ》ばぬ。神《かみ》に任《まか》して居《お》れば、後《あと》は真実《まこと》に結構《けっこう》になるのである。田螺《たにし》の事《こと》を早合点《はやどり》して、直《す》ぐに己《おのれ》の事《こと》に取《と》ると、却《かえ》って御神徳《おかげ》を落《おと》す人《ひと》が出来《でき》る。誠《まこと》の教《おしえ》と悪人《あくにん》の詐《いつわ》りとを、良《よ》く汲《く》み分《わ》けて、心《こころ》で判断《はんだん》して、御蔭《おかげ》の取《と》り損《そこな》いをせぬように。

（完）

筆のしづ九　第七章

明治36年10月10日

（三九）

（『神霊界』大正10年1月号）

世《よ》の中《なか》は暗黒《あんこく》にして、何《なに》を話《はな》さんもよく我《わ》が道《みち》を悟《さと》る人《ひと》無《な》く、皆形《みなかたち》ある宝《たから》にのみ心《こころ》を注《そそ》ぎて、高天原《たかあまはら》に宝《たから》を積《つ》む事《こと》を知《し》らざるなり。高天原《たかあまはら》に積《つ》みたる宝《たから》は染《しみ》もくわず、腐《くさ》る事《こと》も無《な》く、人《ひと》も盗《ぬす》む事無《ことな》し。然《しか》るに今《いま》の世《よ》の人《ひと》、皆金銭《みなきんせん》を宝《たから》とし田地《でんち》を宝《たから》として、形《かたち》ある宝《たから》に仕《つか》えて、神《かみ》の正道《まさみち》に仕《つか》え奉《まつ》る尊《とうと》きを知《し》らざるなり。金銭《きんせん》を貯《たくわ》えて世《よ》の為道《ためみち》の為《ため》に程《ほど》よく使《つか》うは良《よ》し。然《しか》れどこの金銭《きんせん》に使《つか》わるゝ者《もの》は、心卑《こころいや》しきものにして金《かね》の番人《ばんにん》なり。爪《つめ》の先端《さき》に火《ひ》を点《とも》して、家蔵田地《いえくらでんち》を造《つく》り、遂《つい》に爪《つめ》の火盛《ひさか》りて、その身《み》を焼《や》き殺《ころ》され、根《ね》の国《くに》の火《ひ》の車《くるま》に乗《の》せらるゝものなり。

（四〇）

神《かみ》の恩愛《おんあい》は高天原《たかあまはら》に充《み》ち満《み》てり。人《ひと》よ心《こころ》を正《ただ》しくして真《まこと》の神《かみ》の愛《あい》と恵《めぐ》みを享《う》けよ。如何《いか》なる悲《かな》しみも失《う》せ、如何《いか》なる憂《う》き辛《から》きも消《きゅ》る可《べ》し。来《きた》りて享《う》けよ、授《さず》け賜《たま》わん、神《かみ》の愛《あい》と恵《めぐ》み。

明治36年11月7日（『神霊界』大正10年1月号）

（四一）

雲《くも》の上《うえ》に住《す》める大宮人《おおみやびと》より賤《しず》の伏屋《ふせや》に住《す》める賤《しず》の男《お》に至《いた》る迄《まで》、憂《う》きに漏《も》れたる人《ひと》は無《な》し、人《ひと》は草《くさ》の葉《は》の露《つゆ》に等《ひと》しく、野山《のやま》に咲《さ》ける草《くさ》の花《はな》に同《おな》じ。晨《あした》の栄《さか》えは夕《ゆう》べの衰《おとろ》えとなり、実《げ》に果敢《はか》なき身《み》の上《うえ》なり。然《さ》れど真《まこと》の神《かみ》の御恵《みめぐ》みは、常永《とこしえ》の幸《さいわ》いを授《さず》け給《たま》いて、限《かぎ》り無《な》き心《こころ》に楽《たの》しみと、心《こころ》に安《やす》きを授《さず》け給《たも》う。来《きた》れよ。世《よ》の人《ひと》、世界《せかい》の大本《おほもと》へ。

（『神霊界』大正10年1月号）

（四二）

天地《てんち》の神《かみ》の御恵《みめぐ》みは、天上天下《てんじょうてんか》に遍《あまね》く、布《し》き弘《ひろ》まれり。慕《した》いて来《きた》れ世《よ》の中《なか》の人《ひと》。罪《つみ》を悔《く》い改《あらた》めて直霊《なおひ》の魂《みたま》を光《て》らす可《べ》し。神《かみ》は直霊魂《なおひのみたま》に力《ちから》を添《そ》え給《たま》えば、正《ただ》しき道《みち》の光《ひかり》彰《あら》われ、その身《み》の重《おも》き罪《つみ》も清《きよ》まり、涙《なみだ》の雨《あめ》も晴《は》るゝに至《いた》らん。その時神《ときかみ》の愛《あい》の御顔《みかお》を麗《うるわ》しく拝《はい》する事《こと》を得《う》べし。

喜《よろこ》びは常《つね》に栄《さか》え憂《う》きは全《まった》く失《う》するに至《いた》る可《べ》し。救《すく》いの門《もん》は開《ひら》かれたり。早《はや》く来《きた》りて誠《まこと》の道《みち》に救《すく》われんことを求《もと》む可《べ》し。

（『神霊界』大正10年1月号）

（四三）

霊魂《みたま》も身《み》も神《かみ》に捧《ささ》げて、世《よ》の為道《ためみち》の為《ため》に祈《いの》る可《べ》し。神《かみ》は汝《なんじ》が行《ゆ》く道筋《みちすじ》をよく知《し》り給《たま》いて、その身《み》も霊魂《たま》も御手《みて》を離《はな》さず守《まも》り給《たま》いて、安《やす》きに至《いた》らせ給《たま》わん。

（『神霊界』大正10年1月号）

（四四）

生命《いのち》の水《みず》は沓島《めしま》の沖《おき》に湛《たた》え給《たま》えり。数《かぞ》え尽《つく》せぬ深《ふか》き広《ひろ》き神《かみ》の御恵《みめぐ》み、行《ゆ》きて汲《く》み取《と》れ、実《じつ》と誠《まこと》の盃《さかづき》を持《も》ちて。

（『神霊界』大正10年1月号）

（四五）

人《ひと》は神《かみ》より授《さず》け給《たま》いしものより他《ほか》に神《かみ》に捧《ささ》ぐ可《べ》きもの無《な》し。故《ゆえ》に身《み》も魂《たま》も正《ただ》しき神《かみ》に捧《ささ》げて、唯只管《ただひたすら》に祈《いの》る可《べ》し。

（『神霊界』大正10年1月号）

（四六）

神《かみ》の試練《こころみ》に遇《あ》わずして、高天原《たかあまはら》の大本《おほもと》の正《ただ》しき神庭《みにわ》に救《すく》われんことを心清《こころきよ》めて祈《いの》る可《べ》し。神《かみ》は限《かぎ》り無《な》き清《きよ》き霊魂《みたま》と限《かぎ》り無《な》き権威《ちから》とを保《たも》ちて、万物《ばんぶつ》を統《す》べ守《まも》り給《たま》えば、

（『神霊界』大正10年1月号）

汝等求《なんじらもと》めて与《あた》えられざる事無《ことな》し。美《うる》わしき神《かみ》の御心《みこころ》の天上《てんじょう》に成《な》りませる如《ごと》く、時到《ときいた》りてこの地《ち》にも成《な》りまさんとす。諸人《もろびと》よ神《かみ》に来《きた》れ。

（『神霊界』大正10年1月号）

（四七）

神《かみ》より降《くだ》し給《たま》える筆先《さとし》の御権威《みちから》は、常《つね》に妙《たえ》なる光《ひかり》を放《はな》ちて、暗黒《くらき》を照《て》らせり。眼無《まなこな》き者《もの》も光明《あかき》を見《み》る力《ちから》を与《あた》えられん。神《かみ》の御文《みふみ》の教《おしえ》に従《したが》いて、心《こころ》を洗《あら》い清《きよ》めなば、世《よ》に恐《おそ》る可《べ》きものはあらじ。生命《いのち》の光《ひかり》は神《かみ》の御筆《みふで》に籠《こも》れり。

暗黒界《くらきよ》に住《す》める盲者《めしい》如《な》す民草《たみくさ》を憐《あわれ》み給《たま》いて、その手《て》を把《と》り安《やす》きに導《みちび》き、霊魂《みたま》の行衛《ゆくえ》をつぶさに守《まも》り給《たも》う。

神《かみ》の降《くだ》し玉《たま》える御筆先《みふでさき》は、現世《うつしよ》の夜《よる》の世界《せかい》の導《みちび》きとなりて、限《かぎ》り無《な》き美《うる》わしき日《ひ》の出《で》の神国《かみくに》に到《いた》らせ給《たま》い、栄《さか》えと喜《よろこ》びを充《み》たしめ給《たも》うなり。

（四八）

金銀財宝《きんぎんざいほう》満《み》つるとも、罪《つみ》ある道《みち》には歩《あゆ》む可《べ》からず。この世《よ》の宝《たから》は朽《く》つることあり。失《う》する事《こと》あり。

（『神霊界』大正10年1月号）

（四九）

木《こ》の葉《は》の下露《したつゆ》も末《すえ》には海《うみ》となり、さざれ石《いし》も遂《つい》に巌《いわお》となりぬ可《べ》し。小《ちい》さき罪科《つみとが》も、積《つも》れば大《おお》きくなりて我《わ》が身《み》を昏迷《くらき》に陥《おとしい》るゝなり。神《かみ》の御言葉《みことば》は毛筋《けすじ》の言《こと》も等閑《なおざり》に為《な》す勿《なか》れ。一粒《ひとつぶ》の種《たね》を蒔《ま》けば、末《すえ》に万倍《まんばい》の実《み》を結《むす》ぶ粟《あわ》の如《ごと》きものなり。神《かみ》の御教《みおしえ》は肥沃《こえ》たる土地《とち》に粟《あわ》の一と粒《つぶ》を蒔《ま》きたるに等《ひと》しきものなり。

（明治37年1月7日（『神霊界』大正10年1月号）

（五〇）

真実《しんじつ》の世《よ》の元《もと》の神《かみ》は、人々《ひとびと》の正《ただ》しき心《こころ》の祈《いの》りを喜《よろこ》びて聴《き》き取《と》り給《たま》い、いと厚《あつ》き幸《さいわ》いを降《くだ》して、益々栄《ますますさか》え進《すす》ませ給《たも》う可《べ》し。

（『神霊界』大正10年1月号）

（五一）

真《まこと》の神《かみ》は人々《ひとびと》の善悪《ぜんあく》の行為《おこない》をよく見知《みし》り給《たま》えば、直《ただ》ちに善悪《ぜんあく》の報《むく》いを降《くだ》し玉《たも》うこと恰《あたか》も影《かげ》の形《かたち》に従《したが》うが如《ごと》し、神《かみ》は常《つね》に人々《ひとびと》に善《よ》きものを与《あた》えて、善《よ》き事《こと》をなさしめんとし給《たま》いて、心性《こころ》の中《なか》に直霊《なおひ》の魂《みたま》を下《くだ》し給《たま》い、その心身《しんしん》を照《て》らさせ給《たも》うなり。

（『神霊界』大正10年1月号）

（五二）

神《かみ》は遠《とお》き近《ちか》きの隔《へだ》て無《な》く、明《あか》き暗《くら》きの別《わか》ち無《な》く、手《て》に取《と》る如《ごと》く見知《みし》り賜《たま》えば、悪《あく》の隠《かく》るゝ所《ところ》は、この世《よ》に錐《きり》（＝もんで小さな穴をあける工具）の立《た》つ間《ま》もあらざるべし。

人々《ひとびと》の永遠《えいえん》に安《やす》く楽《たの》しく住《す》む可《べ》き国《くに》は、天津御国《あまつみくに》の高天原《たかあまはら》なり。正《ただ》しき者賢《ものかしこ》き者《もの》は栄《さか》えに、曲《まが》れる者悪賢《ものわるがしこ》き者《もの》、神《かみ》の道《みち》に愚《おろか》なる者《もの》は衰《おとろ》え亡《ほろ》ぶの基原《もと》となりて、限《かぎ》りなき楽《たの》しみを享《う》くる事《こと》、思《おも》いも寄《よ》らざるなり、清《きよ》き望《のぞ》みを抱《いだ》きて、神《かみ》の御袖《みそで》に縋《すが》り、暗黒世界《くらきよ》を出《い》でゝ、明《あか》き神《かみ》の御国《みくに》に到《いた》らせ給《たま》わんことを、祈《いの》る可《べ》きなり。正《ただ》しき心《こころ》を持《も》ちて神《かみ》にすがるものは、神喜《かみよろこ》びて、これに安《やす》きと神恵《めぐみ》とを授《さず》け玉《たも》う故《ゆえ》に、凍《こご》ゆることなく飢《う》ゆることなし。

（『神霊界』大正10年1月号）

（五三）

肉体空蝉《からたまうつせみ》（＝この現界）の世《よ》に朽《く》つることありとも、永遠《とこしえ》に朽《く》ちざるものは、霊魂也《みたまなり》。

神《かみ》は正《ただ》しき霊魂《みたま》を引《ひ》き連《つ》れて、黄金《こがね》の国《くに》に導《みちび》き、限《かぎ》りなき力《ちから》と楽《たの》しみを授《さず》け給《たも》うなり。

この世《よ》は涙《なみだ》の国《くに》なり、苦《くる》しみの家《いえ》なり、悪魔《あくま》の世《よ》なり。夢《ゆめ》の浮世《うきよ》なり。この仮《かり》の世《よ》を辞《じ》し去《さ》りて、神《かみ》の御国《みくに》に到《いた》らんことを願《ねが》いなば、唯只管《ただひたすら》に神《かみ》の御教《みおしえ》を守《まも》る可《べ》し。神《かみ》の国《くに》の楽《たの》しさは、この世《よ》の楽《たの》しさと較《くら》ぶべきもの無《な》し。限《かぎ》り無《な》き栄《さか》えの神《かみ》の子《こ》よ。亡《ほろ》ぶなき神《かみ》のもとに来《きた》れ。

（五四）みづぐるま（その四）明治36年8月17日（『神霊界』大正10年1月号）

●(う)しとらのこんじんへんじょうなん○
し●(し)たついはねにせかいにすぐれし、○
と●く(と)まことを、あらはせて、二つにわ○
ら●んせ(ら)んぎやうたひらげて、てんか○
の●たい平(の)、さきがけをしめさせ玉ひ○

・・・・・・・・・・・・・・・・・・・・・・・・

　艮《うしとら》の金神変性男子《こんじんへんじょうなんし》
下津岩根《したついわね》に世界《せかい》に優《すぐ》れし、
徳《とく》と真《まこと》を、現《あらわ》せて、二つには
乱世乱行平《らんぜらんぎょうたい》らげて、天下《てんか》の
泰平《たいへい》の、魁《さきがけ》を示《しめ》させ給《たま》ひ

●このにほんこくを、まつのよにおさめ○
●んための、ごかんなんじつにたふとき○
●しんくわいの、おしぐみにこそ、じんみ○
●ん、みたまのかいしんをさせ、もうこの○
●へんでおいたら、たいへんうきめをみ○
●んならんゆゑに、このへん上なんしを○
●こしらへて、むかしからかくして、このと○
●よあしはらのみくにをかみよにして、○
●うしとらのたいこんじん、このならく○
●なんぎのそこのよを、おさめ玉はんち○
●んじゅのみたま、へんじょなんしとの○

この日本国《にほんこく》を、松《まつ》の世《よ》に治《おさ》めん
為《ため》の、御艱難実《ごかんなんじつ》に尊《とうと》き
神界《しんかい》の、お仕組《しぐみ》にこそ、人民《じんみん》
身魂《みたま》の改心《かいしん》をさせ、もうこの
辺《へん》でおいたら、大変憂《たいへんう》き目《め》を
見《み》んならん故《ゆえ》に、この変性男子《へんじょうなんし》を
こしらえて、昔《むかし》から隠《かく》して、この
豊葦原《とよあしはら》の御国《みくに》を神代《かみよ》にして、
艮《うしとら》の大金神《だいこんじん》、この奈落《ならく》
難儀《なんぎ》の底《そこ》の世《よ》を、治《おさ》め玉《たま》わん
鎮守《ちんじゅ》の御霊《みたま》、変性男子《へんじょうなんし》と

●しをあらはして、いつもわれわ⃝れをか○
●わいがりたまふ、てんちのか⃝みにつみ○
●かさぬるちりのやま、一《と》ひ⃝もはやくと○
●びこへて、みくにのため⃝に、まことをあ○
●めがしたしるおほき⃝みにもうしひら○
●き、にほんかみがみ⃝のおんなげきと、た○
●みのくるしみの⃝ありさまをば、たかま○
●のはらより、み⃝ふでにあらはし、かみの○
●みおしへ、こ⃝よなきたねぞ。でぐちのみ○
●こととと⃝うとみうやまふ、たまのみち○
●●●●●●●●●●●●●●●●

変性女子《のし》を現《あらわ》して、何時《いつ》も我々《われわれ》を
かわいがり給《たも》う、天地《てんち》の神《かみ》に罪《つみ》
重《かさ》ぬる塵《ちり》の山《やま》、一日《ひとひ》も早《はや》く
飛《と》び越《こ》えて、御国《みくに》のために、真《まこと》を
天《あめ》が下《した》知《し》る大岐美《おおきみ》に申《もう》し開《ひら》き、
日本神々《にほんかみがみ》の御嘆《おんなげ》きと、
民《たみ》の苦《くる》しみの有様《ありさま》をば、
高天原《たかあまはら》より、御筆《みふで》に表《あらわ》し、
神《かみ》の御教《みおしえ》、こよなき種《たね》ぞ。出口《でぐち》の
命《みこと》と尊《とうと》み敬《うやま》う、玉《たま》の道《みち》

（五五）

明治36年12月29日（『神霊界』大正10年1月号）

○朝日《あさひ》さす神路《かみぢ》の山《やま》の巌《いはほ》の上《うへ》に　千歳《ちとせ》をこめて松《まつ》の茂《しげ》れる
○動《うご》き無《な》き巌《いはほ》の上《うへ》に根《ね》をしめて　君《きみ》の齢《よはひ》を祝《いは》ふ姫松《ひめまつ》
○敷島《しきしま》の下津岩根《したついはね》に千代《ちよ》こめて　国《くに》の栄《さか》えを松《まつ》の大本《おほもと》
○枝《えだ》を垂《た》れ葉《は》も細《こま》やかに浜松《はままつ》の　波打《なみう》つ巌《いはほ》の上《うへ》に茂《しげ》れる

（五六）

明治36年9月25日（『神霊界』大正10年1月号）

あたまをかいて　いちじづゝ
しあんしてよめ　しげかいが
これでもちょっと　ほねおりく
だい一

こころのそこから　とりなほし
しょうじきいつぱうに　はたらいて
ふかいつみをば　さらけだせ
くもりあるうち　かならずも

くるしくもだへ　るろうする
とりわけこのよは　ゆめのよぞ
できうるかぎり　おこなひを
りつぱになほせ　たみぐさよ
かみのこころに　うつりなば
そろひそろうて　はながさく

だい二

かみのでぐちは　りうぐうの
つぼのうちとて　いつまでも
にほんのくにの　なかとして
いかるがこうり　ほんぐうの

うしとらこんじん　ねとなして
むかしのかみよ　でてまゐる
はなはあじさい　なつのはな
いろはなゝたび　かはりゆく
こころのやまひ　れうぢして
てあしのさきで　もてあそべ

だい三

けすぢちがはぬ　すみあとと
じしんからして　もてはやす
ちがうてたまろか　かみのふで
われもわしもと　ぬすむよに

とくをとらんと　いきまきて
ふかくをとるな　てんていの
まへにひかれて　けがれたる
おもきいのりを　しらなみの
みをしづめゆく　おそろしさ

いつもかはらぬ　ふでのあと
てがらしだいの　おほもとと
れいこんあらび　まさみちへ
すゝめよすゝめ　われさきに
いちから十まで　なにごとも

明治36年9月23日（『神霊界』大正10年1月号）

（五七）法《のり》の舟《ふね》

だい一

何時《いつ》も烏《からす》が鳴《な》く如《よ》うに　龍宮館《りうぐうやかた》のこの教《おしへ》
うっかり思《おも》うてしくじるな　館《やかた》の舟《ふね》に乗《の》り遅《をく》れ
沖《おき》の大舟影《おほふねかげ》も無《な》く　異《け》しき暴雨風《あらし》に出逢《であ》ひけん

だい二

治《をさ》まる御世《みよ》は諸共《もろとも》に　天地《てんち》勇《いさ》みて賑《にぎ》はしく
情《なさ》け涙《なみだ》の良心《りやうしん》に　忽《たちま》ち帰《かえ》る法《のり》の道《みち》

だい三

下津岩根《したついはね》は安国《やすくに》の　大本本宮《おほもとほんぐう》の村《むら》にあり
霊魂《みたま》一《ひ》とつで百《もも》の罪《つみ》　失《う》せて行《ゆ》くなり統極《すべらぎ》の
尊《たふと》き道《みち》を踏《ふ》み締《し》めて　手柄《てがら》を見《み》せよ幸魂《さちみたま》
鬼門《きもん》の神《かみ》の和魂《にぎみたま》　太平謳《たいへいうた》ふ斯民等《しみんら》が
天地《てんち》の神《かみ》を拝《おろ》がみて　鬼門《きもん》の神《かみ》の名《な》も挙《あが》り
神世《かみよ》と成《な》りて楽世界《らくせかい》

だい四

日出《ひので》の国《くに》は豊《とよ》の国《くに》　龍宮館《りうぐうやた》の綾錦《あやにしき》
裕々憂世《ゆうゆううきよ》を見渡《みわた》せば　天《てん》の教《おしへ》に毛筋《けすぢ》さへ
違《ちが》はぬ悪《あく》の繁《しげ》き国《くに》　民《たみ》の苦《くる》しむ乱世界《らんせかい》
誠《まこと》の道《みち》は誰《た》も踏《ふ》まず　吾《われ》と我《わ》が手《て》に流浪《るろう》する

だい五

奇《く》しき身魂《みたま》の惟神《かむながら》　威徳《いとく》を示《しめ》す天帝《てんてい》の
手足《てあし》に漏《も》れじ鬼門島《きもんじま》　丹後《たんご》の沓島《めしま》に憂《う》き苦労《くろう》
其《そ》の神々《かみがみ》の霊徳《れいとく》が　輝《かがや》き初《そ》めし神《かみ》の道《みち》
世《よ》は末法《まつぽふ》の暗黒《くらやみ》で　取《と》り付《つ》く島《しま》は何処《いづこ》ぞと
舵手《かこ》に舵《かぢ》を持《も》たしつゝ　長閑《のどか》な海《うみ》の其《そ》の中《なか》に

だい六

支那《しな》文字《もじ》洋《よう》文字《もじ》皆《みな》廃《はい》し　早《はや》く解《かい》する真仮名《まかな》をば
是《これ》から使《つか》ひ外《と》つ国《くに》の　端《はし》の国《くに》まで立替《たてか》へて
天下《てんか》は日本《にほん》の統治権《とうぢけん》　嬉《うれ》しき神世《かみよ》に住《す》む人《ひと》は
諸々《もろもろ》捨《す》てゝ法《のり》の舟《ふね》　白浪《しらなみ》切《き》って安《やす》らかに

（五八）かぞえうた

明治36年9月10日（『神霊界』大正10年1月号）

一とつ　日頃《ひごろ》信心《しんじん》撓《たゆ》まずすれば、正勝《まさか》の折《おり》の杖《つえ》となる。
二たつ　夫婦《ふうふ》揃《そろ》ふて経緯《たてよこ》そろへ、綾《あや》の錦《にしき》を織《を》り出《いだ》す。
三つ　弥仙《みせん》の神山《みやま》に立籠《たてこも》り、神《かみ》の出口《でぐち》の道開《みちひら》き。
四つ　夜《よる》の夜中《よなか》に汲取《くみと》る清水《しみづ》、天《あま》の岩戸《いはと》の産盥《うぶだらい》。
五つ　出雲大社《いづもたいしゃ》へ遥々詣《はるばるまい》る、天津日嗣《あまつひつぎ》と国《くに》の為《ため》。

六つ　村《むら》に居《い》ながら此《こ》の大本《おほもと》を、知《し》らぬ人《ひと》こそ気《き》の毒《どく》な。
七つ　何《なに》を言《い》ふても聞《き》かしたとても、盲目聾《めくらつんぼ》者のこの世界《せかい》。
八つ　屋敷《やしき》開《ひら》いて御宮《おみや》を建《た》てゝ、世界《せかい》揃《そろ》ふて礼詣《れいまい》り。
九つ　今度《こんど》二度目《どめ》の世《よ》の立替《たてかへ》は　善《ぜん》と悪《あく》との淘《そぐ》り別《わ》け。
十う　説《と》いて聞《き》かせば些少《すこし》は解《わか》る、人《ひと》は天帝《てんてい》の分身《わけ》分霊《みたま》。
十一　一度《いちど》は参《まい》れ再《ふたた》び行《ゆ》くな、固《かた》い誓《ちかひ》の有《あ》る冠島《おしま》。
十二　二度《ど》も三度《ど》も沓島《めしま》を指《さ》して、舞鶴後《まいづるあと》に女連《おんなつ》れ。
十三　三千《ぜん》世界《せかい》の世《よ》を立替《たてか》へて、太元《もと》の昔《むかし》に直《なほ》す神《かみ》。
十四　下津岩根《したついはね》の龍宮館《りうぐうやた》、綾《あや》と錦《にしき》の機《はた》を織《お》る。
十五　極悪非道《ごくあくひだう》に曇《くも》りた現世《このよ》、早《はや》く水晶《すいせう》の世《よ》にしたい。
十六　露国支那《ろこくしな》まで悪魔《あくま》の手先《てさき》、国《くに》を潰《つぶ》そとねらひつめ。

十七　七転《てん》八倒《とう》藻掻《もが》いて見《み》ても、心《こころ》からなら是非《ぜひ》もない。
十八　早《はや》く松《まつ》の世《よ》出《で》て来《き》たなれば、こんな難渋《なんじう》はたれもせぬ。
十九　苦労《くろう》する墨硯《すみすずり》の海《うみ》に、深《ふか》い仕組《しぐみ》を写《うつ》す筆《ふで》。
二十　西《にし》も東《ひがし》も一《ひと》つに丸《まる》め、誠《まこと》の教《おしへ》で統《す》べ守《まも》る。

明治36年9月29日（『神霊界』大正10年1月号）

（五九）心響録《しんきょうろく》

一、行《ゆ》けど行《ゆ》けど　限《かぎ》り知《し》られぬ
此《こ》の杜《もり》の　何処《いづこ》の果《はて》に
我《わ》が心《こころ》　安《やす》らひぬ可《べ》き
常永《とこしへ》の　臥床《ふしど》はあらむ
常永《とこしへ》の　夜《よる》はあるらむ

二、美《うる》はしき　教《おしへ》の光《ひかり》
美《うる》はしき　道《みち》の楽《たの》しみ
美《うる》はしく　悟《さと》ると共《とも》に
我《わ》が生命《いのち》早《はや》消《き》えて行《ゆ》く
大空《おほぞら》の虹《にじ》の如《ごと》くに　（をはり）

筆の滴《しづく》 第八章 王仁

明治36年10月3日（『神霊界』大正10年2月号）

（六〇）二十二丁目

◆これの作られた明治36年10月3日は、いわゆる開祖《かいそ》と聖師《せいし》の「火水《かみ》の戦《たたか》い」の最中である。最後から二十二行目「うやからもあわれなれども、」の上段、「う」の文字を右に読んでいくと、当時の間違った立替え信仰に対する痛烈な批判が述べられている。

原文は、全てひらがなで一見内容が分かりにくいので標《しる》しと、漢字を挿入した。

■秘められた文意

「上田茂穎《しげかい》（＝出口聖師の号）は　お筆先の世の立替えを信じて　家や田地《でんち》を売りて後で
困窮《こんきゅう》するのを見るが辛《つら》さに　三十五年（＝明治）の正月から心をきめて　普通の神

道に身をゆだねて　人の目を醒《さ》まして助けてやろうと思うたら　あべこべに吾の方を悪にしてしもうて　益々頑《かたく》なりてしもうて　また家や田地を売る者出けてきた　いずれ立替えの仕組は　いずれ行なわるるにせよ　余り慌《あわ》て過ぎると後の迷惑が来るが　それを見ておるのが茂穎《しげかい》は辛《つら》い　腹わたが千切れるような　気を付けてやると反って悪く取る。」

(る)ゐをもつてあつまる。まこ
(と)のものは、まことのもの、あ
(く)のものはあくのものと、よ
(る)ものであるから、こころの
(わ)るいもの、まずしきものは、
(て)んのかみの、のりにあつま

…………………………

類《るい》をもって集《あつ》まる。
誠《まこと》の者《もの》は、誠《まこと》の者《もの》、
悪《あく》の者《もの》は悪《あく》の者《もの》と、
寄《よ》るものであるから、心《こころ》の
悪《わる》い者《もの》、貧《まず》しき者《もの》は、
天《てん》の神《かみ》の、教《のり》に集《あつ》まり

（り）きたらず、あやしげなるみち
（へ）くびをつきこみて、ちから
（か）ぎりに、あくのみちをぜん
（と）しんずるものぞ。たくみあ
（る）ものは、くちさきばかりで、
（や）すらかなることをかたり
（て）ひとのたましいをやわら
（げ）よわらせ、そのうへに、まが
（つ）みたまをつかひて、かしら
（を）まよはせ、そのかしらのい
（き）ほいをもつて、ぜんにんを

来《き》たらず、怪《あや》しげなる道《みち》へ首《くび》を突《つ》きこみて、力《ちから》かぎりに、悪《あく》の道《みち》を善《ぜん》と信《しん》ずるものぞ。企《たく》みある者《もの》は、口先《くちさき》ばかりで、安《やす》らかなることを騙《かた》りて、人《ひと》の魂《たましい》をやわらげ弱《よわ》らせ、その上《うえ》に、曲《まが》津《つ》みたまを使《つか》いて、頭《かしら》を迷《まよ》わせ、その頭《かしら》の勢《いきお》いをもって、善人《ぜんにん》を

（な）ぶりものにいたすしんだ
（う）あり。あくがみあり、てんち
（や）ほよろづのかみのなをかた
（る）あくまあり。たまにはぜんあ
（れ）ども、いまのしんだうかは、
（き）しんをまつらず。たゞてん
（ち）のかみがみのなをかたる
（が）きがみをこのうへなく、い
（た）くおそれうやふものさ
（わ）なり。くにのため、かなしか
（ら）ずや、くちにみつあるむし

嬲《なぶ》りものにいたす神道《しんどう》
あり。悪神《あくがみ》あり、天地《てんち》
八百万《やおよろず》の神《かみ》の名《な》を騙《かた》
る悪魔《あくま》あり。たまには善《ぜん》あ
れども、今《いま》の神道家《しんどうか》は、
貴神《きしん》を祀《まつ》らず。たゞ天《てん》
地《ち》の神々《かみがみ》の名《な》を騙《かた》る
餓鬼神《がきがみ》を、この上《うえ》なく、い
たく恐《おそ》れ敬《うやま》う者沢《ものさわ》
なり。国《くに》のため、悲《かな》し
からずや、口《くち》に蜜《みつ》ある虫《むし》

(は)、しりにけんあり。こころを
(い)れかへて、ぜんとあくとをは
(ら)のなかでたてわけて、まが
(つ)みたまにたぶらかさるるは、
(は)ずべきことなれば、よろしく
(ゐ)たんじやせつにまよはず、
(か)しこきかみのまみちにわ
(け)いりて、まことのはなをさか
(し)、いくちよまでもみたまに
(が)ぎりなき、ながきいのちを
(の)ばすやう、めぐみにあづか

は、尻《しり》に剣《けん》あり。心《こころ》を
入《い》れ替《か》えて、善《ぜん》と悪《あく》とを
腹《はら》の中《なか》で立《た》て別《わ》けて、曲《まが》
津身魂《つみたま》に誑《たぶ》らかさるるは、
恥《は》ずべきことなれば、よろしく
異端邪説《いたんじゃせつ》に惑《まよ》わず、
畏《かし》き神《かみ》の真道《まみち》に分《わ》
け入《い》りて、誠《まこと》の花《はな》を咲《さ》か
し、幾千代《いくちよ》までも身魂《みたま》に
限《かぎ》りなき、永《なが》きいのちを
延《の》ばすよう、恵《めぐ》みに預《あず》か

ることを、こころがくべし。よをたてかへたまふ、いきがみてんのきびしきそくを、かみのひかりとして、うつしよをてらしおさめますものなればよくしあんせらるべし。ぞくのよのなかは、またぞくがあらはれて、まことゝみゆるいつはりを、もつたいらしく、つたうるものあり。このよがすへになりたりとて、おほ

ることを、心《こころ》がくべし。世《よ》を立替《たてか》えたまう活神《いきがみ》天《てん》の厳《きび》しき規則《きそく》を、神《かみ》の光《ひかり》として、現世《うつしよ》を照《て》らし治《おさ》めますものなれば、よく思案《しあん》せらるべし。俗《ぞく》の世《よ》の中《なか》は、また賊《ぞく》が現《あら》われて、誠《まこと》と見《み》ゆる偽《いつわ》りを、もったいらしく、伝《つた》うるものあり。この世《よ》が末《すえ》になりたりとて、多《おお》

(く)のまがつがおどりいでて、
(わ)がくにの、もとゐをそこな
(ひ)くだかんとすることあり。
(め)くらどうようのいまのよ
(の)たみぐさは、のこらずよく
(と)まんきにまよはされ、この
(あ)くまのよの、ゑじきとなり、
(と)つくにびとのそしりうく
(る)たわけものは、あはれむべ
(き)ものぞ。あくにんが、いつも
(す)ぐなるみちにいるにあら

くの曲津《まがつ》が踊《おど》り出《い》でて、
我《わ》が国《くに》の、基《もとい》を損《そこ》な
い砕《くだ》かんとすることあり。
めくら同様《どうよう》の今《いま》の世《よ》
の民草《たみぐさ》は、残《のこ》らず欲《よく》
と慢気《まんき》に迷《まよ》わされ、この
悪魔《あくま》の世《よ》の、餌食《えじき》となり、
外国人《とつくにびと》の誹《そし》り受《う》く
るたわけ者《もの》は、哀《あわ》れむべ
きものぞ。悪人《あくにん》が、いつも
直《す》ぐなる道《みち》に入《い》るにあら

で、ぜんにんがあくにひかれ、
わるきみちへふみわけゆく
あわれさ。しげかい、まのあた
りみるに、しのびざるものは、
まことのみちはあゆまずに
あやしきみちへとひとびと、
よくにひかれ、くるしきふち
せにしずみ、てんちのまこと
に、かなはんといらだちまは
るとも、いかでまことのきた
るいはれあらん。よのなかに、

で、善人《ぜんにん》が悪《あく》に引《ひ》かれ、
悪《わる》き道《みち》へ踏《ふ》み分《わ》け行《ゆ》く
哀《あわ》れさ。茂穎《しげかい》、目《ま》のあた
り見《み》るに、忍《しの》びざるものは、
誠《まこと》の道《みち》は歩《あゆ》まずに
怪《あや》しき道《みち》へと人々《ひとびと》、
欲《よく》にひかれ、苦《くる》しき淵《ふち》
瀬《せ》に沈《しず》み、天地《てんち》の誠《まこと》
に、叶《かな》わんと苛立《いらだ》ちまわ
るとも、いかで誠《まこと》の来《き》た
るいわれあらん。世《よ》の中《なか》に、

われのおこなひは、まさこと
なりと、となうるひとほど、ま
ことあるものなし。またひと
をせめ、おのれをせめざる、は
れんちかんは、げにこそまが
つかみのわざせるものなり。
いつまでもうるさくつきま
はりて、いのちのうするまで
みちをばまよはせつ。ひとを
くるしめ、やみぢにいざなう、
しるしをもとめてひとびと

吾《わ》れの行《おこな》いは、正事《まさこと》なりと、称《とな》うる人《ひと》ほど、誠《まこと》あるものなし。また人《ひと》を責《せ》め、己《おのれ》を責《せ》めざる、破《は》廉恥漢《れんちかん》は、実《げ》にこそ曲《まが》津神《つかみ》のわざせるものなり。いつまでもうるさく付《つ》きまわりて、命《いのち》の失《う》するまで道《みち》をば迷《まよ》わせつ。人《ひと》を苦《くる》しめ、闇路《やみじ》に誘《いざな》う、しるしを求《もと》めて人々《ひとびと》

のじやませんとはかるなり。
ゑみすののりのみちはいつ
かは、くにのさまたげとなり
て、あくをなさんとするもの、
たくましくみゆるなり。あは
れみふかく、みゆるものなり
つねにむねにおにを、かくま
いをるものなり。いつまでも
たのもしくみゆるものなり。
きのあふやうにゆふものぞ。
てきたはぬものなり。むりに

の邪魔《じゃま》せんと計《はか》るなり。
夷《えみす》の教《のり》の道《みち》は、いつ
かは、国《くに》の妨《さまた》げとなり
て、悪《あく》をなさんとする者《もの》、
逞《たくま》しく見《み》ゆるなり。憐《あわ》
れみ深《ふか》く、見《み》ゆるものなり。
常《つね》に胸《むね》に鬼《おに》を、かくま
いおるものなり。いつまでも
頼《たの》もしく見《み》ゆるものなり。
気《き》の合《あ》うように言《い》うものぞ。
敵《てき》たわぬものなり。無理《むり》に

(け)んしきばらんとするなり。
(で)はうだいをいふものなり。
(の)てんぐのたぐゐこれなり。
(も)くてきあるものを、あやつ
(る)なり。ほかのかみをそこな
(う)やうなることをいふなり。
(お)にでもおうじようさせる
(ち)から、あるやうにみへて、し
(ん)じつは、ちからもなきなり。
(て)んめいをたむるものなり。
(や)まとだましひを、あらひか

見識《けんしき》ばらんとするなり。
出放題《でほうだい》を言《い》うものなり。
野天狗《のてんぐ》の類《たぐい》これなり。
目的《もくてき》あるものを、操《あやつ》
るなり。外《ほか》の神《かみ》を損《そこ》な
うようなることをいうなり。
鬼《おに》でも往生《おうじょう》させる
力《ちから》、あるように見《み》えて、真《しん》
実《じつ》は、力《ちから》もなきなり。
天命《てんめい》を撓《た》むるものなり。
大和魂《やまとだましい》を荒控《あらひか》

へるような、しんじつのちか
いをたてて、たぶらかすなり
たのしみをまへにならべて、
まだうへ、いざなひゆくなり。
てがらをさしてやらうとも
うして、ちかよくにつるなり。
ももちよろづのまがつかみ、
しだいにつどいきたるなり。
てんかたいへいを、となぶな
り。かみのまねをいたすもの
なり。あくじさいなんなぞが

えるような、真実《しんじつ》の誓《ちか》
いを立《た》てて誑《たぶら》かすなり。
楽《たの》しみを前《まえ》に並《なら》べて、
魔道《まどう》へ、誘《いざな》いゆくなり。
手柄《てがら》をさしてやろうと
申《もう》して、近欲《ちかよく》に釣《つ》るなり。
百千万《ももちよろづ》の曲津神《まがつかみ》、
次第《しだい》に集《つど》い来《き》たるなり。
天下太平《てんかたいへい》を、称《とな》うな
り。神《かみ》の真似《まね》をいたすもの
なり。悪事災難《あくじさいなん》なぞが

(く)るぞと、ひとをおどすなり。
(た)ぬきもかみをまねるなり。
(か)みのつかひといつはりな
(す)ものもあり。かんがかりで
(ま)よはすものあり。まじない
(す)るものあり。これみなあく
(ま)のわざにして、よくふかき
(て)んのざいにんたちの、まよ
(ふ)ものなり。なほきこころの
(も)のは、かかるあやしきおか
(し)きものにあざむかれずし

来《く》るぞと、人《ひと》を脅《おど》すなり。
狸《たぬき》も神《かみ》を真似《まね》るなり。
神《かみ》の使《つか》いと偽《いつわ》りな
すものもあり。神憑《かんがか》りで
迷《まよ》わすものあり。呪《まじな》い
するものあり。これみな悪《あく》
魔《ま》の術《わざ》にして、欲深《よくふか》き
天《てん》の罪人《ざいにん》たちの、迷《まよ》
うものなり。直《なお》き心《こころ》の
者《もの》は、かかる怪《あや》しきおか
しきものに欺《あざむ》かれずし

(て)、まさみちをあゆむなり。く
(し)びなるみさちはひはかみ
(に)うくること、おほけれども、
(く)しきをあやまりて、けしき
(あ)くまの、ふかしぎなるわざ
(を)よろこび、そのほんしんを
(う)しなうなり。たゞしきもの
(ほ)どかみをしんずるちから
(の)つよきもののゆへ、あくまの
(れ)いにさそはるゝこと、まど
(わ)さるゝこともはやし。つね

て、正道《まさみち》を歩《あゆ》むなり。奇《く》
しびなるみ幸《さち》わいは神《かみ》
に受《う》くること、多《おお》けれども、
奇《く》しきを誤《あやま》りて、怪《け》しき
悪魔《あくま》の、不可思議《ふかしぎ》なる技《わざ》
を喜《よろこ》び、その本心《ほんしん》を
失《うしな》うなり。正《ただ》しき者《もの》
ほど神《かみ》を信《しん》ずる力《ちから》
の強《つよ》きもののゆえ、悪魔《あくま》の
霊《れい》に誘《さそ》わるゝこと、惑《まど》
わさるゝことも早《はや》し。常《つね》

(に)こころすぐなるものは、す
(べ)てのものをしんずること、ま
(こ)となりと、わがみにみくら
(べ)て、ぜんなるべしとおもひ、
(あ)くまのさそひにあふなり。
(ら)んしんならずとも、おほか
(た)はあくまにさそはれ、りよ
(う)しんをやかれをるものぞ。
(も)ものつみとがあらはれて、
(お)それのひにいやまし、まこ
(と)の、わがこころにたらぬを

に心《こころ》直《す》ぐなる者《もの》は、す
べてのものを信《しん》ずること、
誠《まこと》なりと、吾《わ》が身《み》に見《み》くら
べて、善《ぜん》なるべしと思《おも》い、
悪魔《あくま》の誘《さそ》いに遭《あ》うなり。
乱心《らんしん》ならずとも、大方《おおかた》
は悪魔《あくま》に誘《さそ》われ、良《りょう》
心《しん》を焼《や》かれおるものぞ。
百《もも》の罪咎《つみとが》あらわれて、
恐《おそ》れの日《ひ》にいや増《ま》し、まこ
との、吾《わ》が心《こころ》に足《た》らぬを

(う)れうるものは、てんにせう
(ろ)のもんをしりえたるなり。
(や)まひのおこるみなもとは、
(て)んのつみをかさね、たまを
(け)がしたるによりて、かなら
(ず)おこるものなり。うはべで
(だ)んじきするものは、かへり
(て)かみのつみびととなるべ
(し)、だんじきするは、しんそこ
(ま)ことのおやなり、せかいの
(さ)いなんをたすけたさ、むね

憂《うれ》うる者《もの》は、天《てん》に正《しょう》
路《ろ》の門《もん》を知《し》り得《え》たるなり。
病《やまい》の起《お》こる源《みなもと》は、
天《てん》の罪《つみ》を重《かさ》ね、魂《たま》を
汚《けが》したるによりて、必《かなら》
ず起《お》こるものなり。表面《うわべ》で
断食《だんじき》するものは、却《かえ》り
て神《かみ》の罪人《つみびと》となるべ
し。断食《だんじき》するは、真底《しんそこ》、
誠《まこと》の親《おや》なり、世界《せかい》の
災難《さいなん》を助《たす》けたさ、胸《むね》

をいため、くちにねつがでて、
めしをくふも、くえんやうに、
のどへとほらぬまでになる
と、そこでやむをえず、のみく
ひもでけぬやうになりゆき
て、しぜんにだんじきいたさ
ねばならぬやうに、なりてき
だすので、このおやなり、よの
ゆくさきをあんじて、よのめ
をようねぬやうでないと、か
みのみこころにかなはぬ。な

を痛《いた》め、口《くち》に熱《ねつ》が出《で》て
飯《めし》を食《く》うも、食《く》えんように、
喉《のど》へ通《とお》らぬまでになる
と、そこで止《や》むを得《え》ず、飲《の》み食《く》
いも出来《でき》ぬようになりゆき
て、自然《しぜん》に断食《だんじき》いたさ
ねばならぬように、なりてき
だすので、この親《おや》なり、世《よ》の
行《ゆ》く先《さき》を案《あん》じて、夜《よ》の目《め》
をよう寝《ね》ぬようでないと、神《かみ》
の御心《みこころ》に叶《かな》わぬ。何《なに》

(に)ごとも、ひとにみせるぎや
(う)なれば、ひとからはまこと
(と)してほめてはくれるが、て
(ん)のまことのかみは、いさほ
(し)として、むくひたまふこと
(の)なきものなり。おやこふう
(ふ)のむつまじきは、かみ〱の
(つ)ねによしたまふものぞ。
(ふ)うふのみちは、ひとのすべ
(て)のおこなひのもとである。
(め)とりたるつまをつみもな

事《ごと》も、人《ひと》に見《み》せる行《ぎょう》
なれば、人《ひと》からは誠《まこと》
として褒《ほ》めてはくれるが、天《てん》
の誠《まこと》の神《かみ》は、功績《いさおし》
として、報《むく》い給《たま》うこと
のなきものなり。親《おや》子《こ》夫《ふう》
婦《ふ》の睦《むつ》まじきは、神々《かみがみ》の
常《つね》に嘉《よ》したまうものぞ。
夫婦《ふうふ》の道《みち》は、人《ひと》のすべ
ての行《おこな》いの基《もと》である。
娶《めと》りたる妻《つま》を罪《つみ》もな

きに、おひだすおつとはつま
を、つみにおとしいるゝなり。
ろんばかりしてゐて、かみご
このなきものは、まがつの
こころにして、そのこころか
ら、かみのさちはひをうけて、
かみにまみへたてまつるて
づるに、はなれたるものなり。
われのことばかりをほめて、
くちさきばかりたつしやで、
うろんなみたまが、まことの

きに、追《お》い出《だ》す夫《おっと》は妻《つま》
を、罪《つみ》におとしいるゝなり。
論《ろん》ばかりしていて、神心《かみごころ》
のなきものは、曲津《まがつ》の
心《こころ》にして、その心《こころ》か
ら、神《かみ》の幸《さち》わいを受《う》けて、
神《かみ》にまみえ奉《たてまつ》る手《て》
づるに、離《はな》れたるものなり。
吾《わ》れのことばかりを褒《ほ》めて、
口先《くちさき》ばかり達者《たつしゃ》で、
胡乱《うろん》な霊《みたま》が、まことの

(よ)うみくわいであるから、も
(し)このみたまやどりなば、い
(の)ちまでもとられるやうな
(む)ざんなるけつくわをば、ま
(ね)き。あまつかみのまことの、
(五)おん、ひ、みづ、つちに、かね、く
(う)きのとくに、はなれて、うつ
(し)よのみか、ゆうめいにゆき、
(三)ぜんせかいになきせめく
(に)、あふことにおちいるなり。
(さ)ばへなすあくまをよくあ

妖魅界《ようみかい》であるから、もしこの霊宿《みたまやど》りなば、生命《いのち》までも取《と》られるような無残《むざん》なる結果《けっか》をば、招《まね》き、天津神《あまつかみ》の誠《まこと》の御恩《ごおん》、火《ひ》・水《みず》・土《つち》に、金《かね》・空《くう》気《き》の徳《とく》に、離《はな》れて、現《うつし》世《よ》のみか、幽冥《ゆうめい》に行《ゆ》き、三千世界《ぜんせかい》になき責《せ》め苦《く》に、遭《あ》うことに陥《おちい》るなり。五月蝿《さばえ》なす悪魔《あくま》をよく

らためて、こころをきよめて、
つみをつくらぬちういする
が、もつともかんじんである。
るろうなんぎしてからは、か
みにふそくいふても、こころ
をうらめるよりぜひなきも
のになるなり。こころにあた
るものは、まことのしんじや、
すゐしようのれいこんなり。
うれいのくるのをまいにち、
きにかけてまつものには、こ

審判《あらた》めて、心《こころ》を清《きよ》めて、
罪《つみ》を作《つく》らぬ注意《ちゅうい》する
が、もっとも肝心《かんじん》である。
流浪難儀《るろうなんぎ》してからは、神《かみ》
に不足《ふそく》いうても、心《こころ》
を恨《うら》めるより是非《ぜひ》なきも
のになるなり。心《こころ》に当《あ》た
る者《もの》は、誠《まこと》の信者《しんじゃ》、
水晶《すいしょう》の霊魂《れいこん》なり。
憂《うれ》いの来《く》るのを毎日《まいにち》
気《き》にかけて待《ま》つ者《もの》には、

んなんわざはひきたるなり。
こころからまねく、わざはひ
である。かみかげひなたなく、
どこまでも、ひのごとくてり、
あかしたまふものにて、すべ
てのもの、すみ〳〵までまも
りたまふゆへ、たかひくなく、
うんぷなきものなれば、たま
をきよめて、かみのぜんあく、
ちぐ、じやせいを、くわしくか
んがへて、まことのただしき

困難《こんなん》災《わざわ》い来《き》たるなり。
心《こころ》から招《まね》く災《わざわ》い
である。神陰《かみかげ》日向《ひなた》なく、
どこまでも、日《ひ》のごとく照《て》り、
明《あ》かし給《たま》うものにて、すべ
てのもの、隈々《すみずみ》まで守《まも》
りたまうゆえ、高低《たかひく》なく、
運不《うんぷ》運（運否《うんぷ》）なきものなれば、魂《たま》
を清《きよ》めて、神《かみ》の善悪《ぜんあく》・
智愚《ちぐ》・邪正《じゃせい》を、くわしく
考《かんが》えて、誠《まこと》の正《ただ》しき

(て)んちの、かみ〳〵のみのり
(や)おきて、よく〳〵あじはふ
(べ)し。かみといふも、かみのれ
(い)よりいでたるせいれいと、
(て)んぐなぞのあくれいを、
(し)らべて、しんかうすべし、て
(ん)はぜんあくのかゞみをだ
(し)たまふ。ぜんをあくに、あく
(を)ぜんにかえ、みたまにをし
(へ)たまへり。十ねんすゑには、
(か)みのみこころみなわかり

天地《てんち》の、神々《かみがみ》の御教《みのり》
や規則《おきて》、よく〳〵味《あじ》わう
べし。神《かみ》というも、神《かみ》の霊《れい》
より出《い》でたる精霊《せいれい》と、
天狗《てんぐ》なぞの悪霊《あくれい》を、
調《しら》べて信仰《しんこう》すべし。天《てん》
は善悪《ぜんあく》の鏡《かがみ》を出《だ》
したまう。善《ぜん》を悪《あく》に、悪《あく》
を善《ぜん》に替《か》え、身魂《みたま》に教《おし》
えたまえり。十年末《ねんすえ》には
神《かみ》の御心《みこころ》みな判《わか》り

(て)くるが、やくいん、そのとき
(た)まのやどをたてかへわれ
(の)こころのやましきことの
(よ)くふかかりし、まよひしん
(の)、あきらかになるものなり。
(き)しんをしんずるもの、だい
(さ)いなんきたるか、たゞしは
(て)んのだいなるさちをたま
(ふ)かといふことも、すつくり
(お)もてにあらはるゝならん。
(は)んたいしやのはうがふか

て来《く》るが、役員《やくいん》、その時《とき》
魂《たま》の宿《やど》を立替《たてか》え、吾《われ》
の心《こころ》の疚《やま》しきことの
欲深《よくふか》かりし、迷《まよ》い信《しん》
の、明《あき》らかになるものなり。
帰神《きしん》を信《しん》ずるもの、大《だい》
災難来《さいなんき》たるか、たゞしは
天《てん》の大《だい》なる幸《さち》を賜《たま》
うかということも、すっくり
表《おもて》に現《あら》わるゝならん。
反対者《はんたいしゃ》の方《ほう》が深《ふか》

(い)みめぐみをこうむるやら、
(か)みのことはじんみんでは、
(け)んとのとれぬものである。
(し)らぬくせにしりがほして、
(た)いげんはくひとのゆくす
(ゑ)ぞあはれなり。またつきそ
(う)やからもあわれなれども、
ぼうしんきようはいかんと
もすることあたはず。にちや
にこころをくだけども、もち
ゆるもののはなきのみならず、

い御恵《みめぐみ》をこうむるやら、
神《かみ》のことは人民《じんみん》では
見当《けんと》のとれぬものである。
知《し》らぬくせに知《し》り顔《がお》して、
大言《たいげん》吐《は》く人《ひと》の行《ゆ》く末《すえ》
ぞ哀《あわ》れなり。また付添《つきそ》
う輩《やから》も哀《あわ》れなれども、
妄信狂《ぼうしんきょう》は如何《いかん》と
もすることあたわず。日夜《にちや》
に心《こころ》を砕《くだ》けども、用《もち》
ゆる者《もの》はなきのみならず、

いかなるむはふをなすやも、はかりしるべからざれば、みすくゝたすくることをえず、わがそでのたもとに、なみだのかわくひまもなし。のこらずこころのそこよりくるひをれるゆゑ、これをなをすてだては、じせつをまつよりは、ほかになすべきてだてなく、十とせのさきをゆびおりて、まつのおほもとにて、しるし

いかなる無法《むほう》をなすやも、計《はか》り知《し》るべからざれば、みすくゝ助《たす》くることを得《え》ず、吾《わ》が袖《そで》の袂《たもと》に、涙《なみだ》のかわくひまもなし。残《のこ》らず心《こころ》の底《そこ》より狂《くる》いおれるゆえ、これを直《なお》す手《て》だては、時節《じせつ》を待《ま》つよりは、ほかに成《な》すべき手段《しゅだん》なく、十年《ととせ》の先《さき》を指折《ゆびお》りて、松《まつ》の大本《おおもと》にて記《しる》し

おく。かしらにきづくひとは、
二十二てうめのたかいはし
にたどりて、みぎにとりすゝ
めば、わにのこころは、はかり
しらるゝなり。まことのかみ
にいのれ、まことのひたち。

めいぢ三十六ねん、十
月《がつ》の三日《か》、龍宮館《りゅうぐうやかた》に於《おい》
て、王《お》仁《に》三《さぶ》郎《ろう》しるしお
く、

おく。頭《かしら》に気《き》付《づ》く人《ひと》は、
二十二丁目《ちょうめ》の高《たか》い端《はし》
に辿《たど》りて、右《みぎ》に取《と》り進《すす》
めば、王仁《わに》の心《こころ》は、計《はか》り
知《し》らるゝなり。誠《まこと》の神《かみ》
に祈《いの》れ、誠《まこと》の人《ひと》たち。

（六一）　子守唄

（だい一）
何処《どこ》から御出《おいで》た　朝野《あさの》さん
高《たか》いたアかい　山《やま》の空《そら》
弥仙《みせん》の山《やま》から　現はれた
ねんねんころ〱　ねんころり
（だい二）
嬢《じょう》のお母《かあ》は　何処《どこ》へ行《い》た
山《やま》を越《こ》えて　川《かわ》越《こ》えて
大原《おおはら》越《こ》えて　綾部《あやべ》行《いっ》た
綾部《あやべ》の土産《みやげ》に　何《なに》貰《も》ろた

明治36年9月25日（『神霊界』大正10年2月号）

おひねりさんに　肌守《はだまも》り
ねん〱ころり　ねんころり
（だい三）
お父《とう》さんお母《かあ》さん　参《まい》りましょ
蓑《みの》着《き》て笠《かさ》被《さ》て　杖《つえ》ついて
嬢《じょう》も可愛《かわい》　草鞋《ぞり》履《は》いて
金神《こんじん》さんへ　徳《とく》貰《もら》い
ねんよおゝ　こおいこい
（だい四）
綾部《あやべ》詣《まい》るならア　草鞋《ぞり》履《は》いてナ

人力馬車《じんりきばしゃ》には　乗《の》らぬ如《よ》うにナ
こおい〱ここいこい
（だい五）
馬車《ばしゃ》や人力車《くるま》は　未《ま》だしも良《よ》いがナ
口《くち》の車《くるま》に乗《の》らぬ如《よ》うにな
こおい〱ここいこい
（だい六）
日本《にほん》照《て》る照《て》る　露西亜《ろしあ》は曇《くも》るナ
支那《しな》や朝鮮《ちょうせん》雨《あめ》が降《ふ》るナ

こおい〱ここいこい
（だい七）
恋《こい》し〱と　松世《まつよ》は来《こ》いでナ
末法《まっぽう》の世《よ》が来《き》て門《かど》に立《た》つナ
こおい〱ここいこい
（だい八）
早《はよ》う〱と　待《ま》ち焦《こが》れたるナ
松《まつ》の世《よ》が来《き》て皆勇《みないさ》むナ
こおい〱ここいこい

海潮泣児《かいちょうなくこ》をゆすりつゝ、口《くち》から出任《でまか》せの子守歌《こもりうた》是《これ》でもうたえば児《こ》が眠《ねむ》る。神《かみ》の御心解《みこころわか》り出《だ》す。

⊙ツケタリ＝月日《つきひ》の駒《こま》の夢《ゆめ》にも似《に》て早《はや》き足《あし》どりなる哉《かな》。小守歌《こもりうた》うたいし王仁《おに》ここに五《い》十路《そぢ》の坂《さか》を一つ越《こ》し、お父《とう》さんの背《せ》に泣《な》いた朝野《あさの》子は二十《はたち》の少女《おとめ》となりぬ。今《いま》の直《なお》澄《ずみ》、幼《おさな》き頃《ころ》は、朝野《あさの》と呼《よ》びしなり。

◆筆録は明治36年9月25日、掲載は『神霊界』大正10年2月号に、「何処から御出た朝野さん　高いたアかい　山の空　弥仙の山から　現はれた　ねんねんころころねんころり」、「馬車や人力車は　未だしも良いがナ　口の車に乗らぬ如うにな」、「恋し恋しと　松世は来いでナ　末法の世が来て門に立つナ」…。

この「子守唄」の末尾に［付けたり］として「子守歌、うたえし王仁ここに五十路の坂を一つ越し、お父さんの背に泣いた朝野は二十の少女となりぬ。今直澄《なおずみ》、幼き頃は朝野と呼びしなり」と書かれている。この歌が掲載された『神霊界』大正10年1、2月号には『霊界物語』の「回顧録」が発表され、大正13年1月には入蒙直前に『錦の土産』が遺され、本当の親の思いがはっきり書かれている。

（六二）数え歌

（だい一）

一とつ　広《ひろ》い世界《せかい》の　世《よ》の中《なか》に
二たつ　深《ふか》い仕組《しぐみ》の　神《かみ》の道《みち》
三つ　道《みち》は二《ふ》た筋《すじ》　善《ぜん》と悪
四つ　慾《よく》に迷《まよ》ふて　踏《ふ》みかぶる
五つつ　愈々今度《いよいよこんど》は　現《あら》はれて
六つ　昔《むかし》の神代《かみよ》に　立替《たてかは》る
七つ　何《なん》でも早《はや》く　慢心《まんしん》を
八つ　止《や》めて高天《たかま》へ　昇《のぼ》り行《ゆ》け
九つ　心《こころ》次第《しだい》の　大本《おほもと》ぞ

明治36年9月28日（『神霊界』大正10年2月号）

十うで　とっくり思案《しあん》を　して見《み》やれ
松《まつ》の世界《せかい》の　大本《おほもと》の
神《かみ》は綾部《あやべ》に　坐《ま》しますぞ

（だい二）

一とつ　人《ひと》は心《こころ》が　第一《だいいち》よ
二たつ　古《ふる》い昔《むかし》の　代《よ》が参《まい》り
三つ　みろくの神《かみ》が　現《あら》はれて
四つ　夜《よる》の夜半《よなか》の　暗《やみ》の夜《よ》が
五つ　愈々《いよいよ》日《ひ》の出《で》の　御代《みよ》となり

六つ　無間地獄《むかんぢごく》の　苦《くる》しみも

七つ　難無《なんな》く消《き》ゆえる　楽《たの》もしさ

八つ　八千代《やちよ》と寿《ことぶ》く　神《かみ》の国《くに》

九つ　九つ花《はな》が　咲《さ》き出《い》でて

十うで　豊葦原《とよあしはら》の　大日本《だいにほん》」

松《まつ》の世界《せかい》の　大本《おほもと》の

神《かみ》は綾部《あやべ》に　坐《ま》しますぞ

(だい三)

一とつ　ひどい奴《やつ》めが　飛《と》んで来《き》て

二たつ　不意打喰《ふいうちく》はす　身内《みうち》から

三つ　右《みぎ》や左《ひだり》や　前後《まへうしろ》

四つ　よく思案《しあん》を　して見《み》れば

五つ　何時《いつ》も心配《しんぱい》　絶《た》えぬのは

六つ　昔《むかし》の昔《むかし》の　神代《かみよ》から

七つ　何《なん》でも深《ふか》い　罪《つみ》のため

八つ　困厄《やまひ》の因《もと》と　なるならん

九つ　心《こころ》の底《そこ》から　入《い》れ替《か》へて

十うで　徳《とく》を積《つ》むより　道《みち》は無《な》い」

松《まつ》の世界《せかい》　の大本《おほもと》の

神《かみ》は綾部《あやべ》に　坐《ま》しますぞ

(だい四)

一とつ　低《ひく》い鼻迄《はなまで》　高《たか》くなり

二たつ　深《ふか》い罪迄《つみまで》　浅《あさ》くなる
三つ　道《みち》の誠《まこと》を　辿《たど》りつゝ
四つ　慾《よく》に離《はな》れて　歩《あゆ》むなら
五つ　古《いにしへ》よりの　罪科《つみとが》も
六つ　無間地獄《むげんぢごく》の　苦《くる》しみも
七つ　何《なん》の恐《こわ》かろ　神《かみ》の道《みち》
八つ　安《やす》らに平《たい》らに　胸《むね》の内《うち》
九つ　心次第《こころしだい》の　実《み》を結《むす》ぶ
十うで　取越苦労《とりこしくろう》は　要《い》らぬもの」
松《まつ》の世界《せかい》の　大本《おほもと》の
神《かみ》は綾部《あやべ》に　坐《ま》しますぞ。

（だい五）
一とつ　人《ひと》が見《み》たがる　乗《の》りたがる
二たつ　深《ふか》い企《たく》みの　口車《くちぐるま》
三つ　身《み》の行《ゆ》く先《さき》は　火《ひ》の車《くるま》
四つ　慾《よく》に迷《まよ》ふと　其《そ》の通《とほ》り
五つ　何時《いつ》も変《かは》らぬ　松心《まつごころ》
六つ　昔《むかし》の神代《かみよ》の　人《ひと》となれ
七つ　嘆《なげ》きも愚痴《ぐち》も　腹立《はらた》ちも
八つ　山《やま》の霞《かすみ》と　消《き》えて行《ゆ》く
九つ　心《こころ》一つの　持《も》ちようで
十うで　如何《どん》な誠《まこと》の　花《はな》も咲《さ》く」

松《まつ》のみろくの　大本《おほもと》の
神《かみ》は綾部《あやべ》に　坐しますぞ

（だい六）

一とつ　人《ひと》は何《なん》とも　まだ白雪《しらゆき》の
二たつ　冬《ふゆ》の内《うち》から　梅《うめ》の花《はな》
三つ　身《み》を苦《くる》しめて　咲《さ》き匂《にほ》ふ
四つ　吉野《よしの》の山《やま》の　桜《さくら》より
五つ　色《いろ》も香《か》もあり　はなの兄《あに》
六つ　昔《むかし》のふるき　活神《いきがみ》の
七つ　難業苦業《なんげふくげふ》も　この神《かみ》の
八つ　八重《やゑ》に咲《さ》きぬる　かんばしさ

九つ　心《こころ》を神《かみ》に　筑紫潟《つくしがた》
十うで　飛梅《とびうめ》こそは　勇《いさ》ましき」
松《まつ》のみろくの　大本《おほもと》の
神《かみ》は綾部《あやべ》に　坐《ま》しますぞ

（だい七）

一とつ　人《ひと》の心《こころ》は　秋《あき》の空《そら》
二たつ　浮雲《ふうん》の如《ごと》く　早変《はやかは》り
三つ　水《みづ》の流《なが》れに　さも似《に》たり
四つ　吉野《よしの》の花《はな》にも　よく似《に》たり
五つ　何時《いつ》も変《かは》らぬ　常磐木《ときはぎ》や
六つ　梅《うめ》の操《みさを》は　白雪《しらゆき》の

七つ　何《なに》を言《い》ふても　ウワの空《そら》
八つ　やたらに慾《よく》に　踏《ふ》み迷《まよ》ひ
九つ　心《こころ》の鬼《おに》に　連《つれ》られて

十うで　外国果迄《とつくにはてまで》　堕《お》ちて行《ゆ》く」
松《まつ》のみろくの　大本《おほもと》の
神《かみ》は綾部《あやべ》に　坐《ま》しますぞ

王仁旧稿より　筆乃し津く

（六二）数え歌のつづき
（『神霊界』大正10年3月号）

（だい八）
明治36年9月28日

一とつ　昼《ひる》は日輪《にちりん》　夜《よる》は月《つき》
二たつ　二つの神《かみ》が　人民《ひとびと》の

三つ　身《み》の行《ゆ》く先《さき》を　守《まも》られて
四つ　妖魅《ようみ》の面《おも》を　照《て》らしつゝ
五つ　幾千代迄《いくちよまで》も　善悪《ぜんあく》の

六つ　報《むく》ひをくだして　戒《いまし》める
七つ　情《なさ》けも厚《あつ》き　神《かみ》の幸《さち》
八つ　山《やま》の庵《いほり》（井堀庵《いほり》）を
掻《か》き別《わ》けて
九つ　心《こころ》の暗黒《やみ》を　照《て》らしつ
十うで　年《とし》も豊《ゆた》かに　松《まつ》の御世《みよ》」
松《まつ》のみろくの　大本《おほもと》の
神《かみ》は綾部《あやべ》に　坐《ま》しますぞ

（だい九）
一とつ　日毎机《ひごとつくえ》に　打向《うちむか》ひ
二たつ　筆《ふで》を力《ちから》に　進《すす》み行《ゆ》く

三つ　道《みち》の誠《まこと》は　一と筋《すじ》に
四つ　善悪《ぜんあく》分《わ》ける　四つ辻《つぢ》の
五つ　石碑《いしふみ》あてに　辿《たど》り行《ゆ》く
六つ　結《むす》ぶ縁《えにし》は　要《かね》の神《かみ》
七つ　直霊《なほひ》の身魂《みたま》　現《あら》はれて
八つ　矢竹心《やたけごころ》を　取《と》り鎮《しづ》め
九つ　木《こ》の花咲耶《はなさくや》　姫《ひめ》の神《かみ》
十うで　執《と》りなす勲功《いさほし》
不二《ふじ》（父子）の縁《えん》」
松《まつ》のみろくの　大本《おほもと》の
神《かみ》は高天《たかま》に　坐《ま》しまして

（だい十）

一とつ　貧程辛《ひんほどつら》い　ものはない
二たつ　負債《ふさい》は積《つ》みて　山《やま》をなし
三つ　未納処分《みのうしょぶん》は　常《つね》の事《こと》
四つ　よる辺渚《べなぎさ》の　捨小舟《すてをぶね》
五つ　衣類《いるい》は寒《さむ》く　食《しょく》は無《な》く
六つ　無理《むり》は工面《くめん》も　泣《な》き苦労《くろう》
七つ　奈落《ならく》の底《そこ》へと　落《お》ち込《こ》みて
八つ　屋根《やね》は棟《むね》もり　星天上《ほしてんじょう》
九つ　此《こ》の世《よ》の地獄《ぢごく》は　眼《ま》の当《あた》り
十うで　とんで火《ひ》い入《い》る　夏《なつ》の虫《むし》」
泣《な》くな口惜《くや》むな　悶《もだ》えるな
心《こころ》一つの　持《も》ちやうで
松《まつ》のみろくの　大本《おほもと》の
神《かみ》は高天《たかま》に　坐《ま》しますぞ

王仁罪《つみ》とともに作《つく》る

明治《めいじ》は三十六年《ねん》の　九月《がつ》の二十八日《にち》に　神《かみ》の出口《でぐち》の　王仁三郎《わにさぶろう》

奥《おく》の七畳《しちでふ》　半《はん》の間《ま》で　机《つくゑ》にもたれて　出放題《でほうだい》　心《こころ》の海《うみ》に　浮《うか》みける
大舟《おほぶね》小舟《こぶね》　塵《ちり》　挨《あくた》　筆《ふで》に写《うつ》して　書《か》き上《あ》げる　高天原《たかあまはら》の　大本《おほもと》の
龍宮館《りゆうぐうやかた》の　渡《わた》し場《ば》で

（六三）しんでおらぬ　明治36年9月23日（『神霊界』大正10年3月号）

にほんのげんろうありとも、しんではをらぬ。わにおかげでしんではをらぬ。ひのでのせいりょく、ぶんろくの、てうせんせめた、（＝秀吉の軍勢、文禄、安土桃山時代）ふるおやじ、これぞまつたく、しんでをらぬ。

（六四）水ぐるま　明治36年8月14日（『神霊界』大正10年3月号）

さしそへのたね

●あやべおほもとりうぐうやかたのさしそへの○
●やくいん、きのしたけいたろ、はじめて、もとみや○
●へさんぱいして、やまいのおかげとしんとく○
●おいただき、それからは、一しんにかみをおもい○
●ほかへこころをうつさず、きよだいりようしん○
●も、あまのゆはとのごようにたちて、またとなき○
●とくをもらひ、またもでぐぢのかみとふねにの○
●りて、たんごのおしまへはじめてまゐり、あらし○
●うみのきけんをこえて、二どめにはまた、めでた○
●く、めしまのおともをなし、かいごしよをもうけ○
●うしとらのこんじん、へんじょうなんしさまの、い○

←
●やたかきまことのみちを、ひとびとにつたへ、た○
●かまのはらへみちびきて、おもいはふかきくろ○
●たにの、やまおくまでひらき、さとのわらべの、の○
●のしるをもみみにもかけずやまとごころを、あ○
●さなゆうなにみがきあげて、まつのよのあたら○
●しきせかいのもとに、たてなをさんこころざし○、
●そのおとづれを、ちじようにひびかす、つりがねこ○
●ゑのやくいん、きのしたけいたろのあらしごと○
⇦

（六五）

明治36年11月13日（著作集第一七四）（『神霊界』大正10年3月号）

嗚呼《ああ》、天下《てんか》に義人《ぎじん》（＝堅く正義を守る人。わが身の利害をかえりみず他人のために尽す人）なし、誠《まこと》無《な》しと口惜《くや》んで、何時《いつ》

も筆執《ふでと》る王仁《わに》の心《こころ》に、暫《しば》し直霊《なおひ》の魂《みたま》を借《か》り来《き》たりて、我《わ》が身《み》を省《かえり》みれば、実《じつ》になさけ無《な》き次第《しだい》である。いくら変性女子《へんじょうにょし》は坤《ひつじさる》の金神《こんじん》の霊魂《みたま》が治《おさ》まり、善一筋《ぜんひとすじ》になりて教《おしえ》の道《みち》に竭《つく》すと出口《でぐち》の加美《かみ》より仰《おお》せ給《たま》えども、この罪《つみ》の深《ふか》き我《わ》が身《み》死《し》する迄《まで》、善根《ぜんこん》を積《つ》みたりとて、大《おお》きい顔《かお》して天津御国《あまつみくに》に生《うま》るゝことを得《え》ん。嗚呼《ああ》、思《おも》えば罪《つみ》なき三つ児《ご》こそ浦山《うらやま》しけれ。この先死《さきし》する迄《まで》も誠《まこと》を竭《つく》せばとて、如何《いか》で三つ児《ご》の罪《つみ》なきに及《およ》ばんや。吾れも二つ三つの頃《ころ》に死《し》したりしならば、この世《よ》に深《ふか》き罪《つみ》は作《つく》らざりしならん。神《かみ》の御国《みくに》に帰《かえ》り得《え》たりしならん。

神界《しんかい》より女子《にょし》の身魂《みたま》を神《かみ》の道《みち》に用《もち》い給《たま》わんとし給《たま》えども、心清《こころきよ》きが為《ため》にあらず、又力《またちから》あるが為《ため》にあらず。行《おこな》い更《かわ》りたるために、神《かみ》より欣《よろこ》びて用《もち》い給《たも》うにもあらず。この上無《うえな》き見苦《みぐる》しき肉体《にくたい》なり、霊魂《みたま》なれども、この広《ひろ》き世《よ》の中《なか》には、曇《くも》り切《き》りて用《もち》ゆべきもの無《な》き故《ゆえ》、神《かみ》より曇《くも》れる乍《なが》も飢《うえ》えたる時《とき》に、不味《まず》い物無《ものな》しという筆法《ひっぽう》にて、神心《みこころ》に叶《かな》わぬ乍《なが》らも用《もち》い給《たま》えるなり。但《ただ》し、筆《ふで》と口《くち》とは神《かみ》より授《さず》け給《たも》うものなれば、書《か》きたる事《こと》も語《かた》れる事《こと》も、いと美《うるわ》し。故《ゆえ》に能《よ》く噛《か》みて味《あじわ》う時《とき》は、身《み》の為《ため》、国《くに》の為《ため》、世界《せかい》の為《ため》ともなりぬべし。されど口《くち》に唱《とな》うる如《ごと》く、筆《ふで》に誌《しら》せる如《ごと》く行《おこな》いの揃《そろ》わざるを、自《みずか》ら歎《なげ》くものなり。

（六六）

明治36年11月13日（著作集第一七五）（『神霊界』大正10年3月号）

今《いま》の日本《にほん》の各宗各教《かくしゅうかくきょう》は、皆羊頭《みなようとう》を掲《かか》げて狗肉《くにく》を売《う》るものである。恰《あたか》も、奇麗《きれい》に塗《ぬ》りた雪隠《せっちん》の如《ごと》きものである。蒔絵《まきえ》の重箱《じゅうばこ》に馬糞《うまぐそ》を詰《つ》め込《こ》んだようなものである。表《うわ》面《つら》は極立派《ごくりっぱ》なれども、肝腎《かんじん》のお◆正念《しょうねん》は糞汁《ふんじゅう》で蛆《うじ》が涌《わ》いて、鼻持《はなも》ちがならぬのである。臭《くさ》い物《もの》に蓋《ふた》してあるようなものである。教会許《きょうかいばか》りで無《な》く、今《いま》の政府《せいふ》の歴々《れきれき》から町村役場《ちょうそんやくば》の小役人《こやくにん》に至《いた》る迄《まで》、皆《みな》その通《とお》りである。大小《だいしょう》の泥棒許《どろぼうばか》りである。その下《した》について行《ゆ》く普通《ふつう》の人民《じんみん》は、清《きよ》くなろうと思《おも》うたとて、清《きよ》まるべき道《みち》が無《な》いのである。腐《くさ》り切《き》りた極悪世界《ごくあくせかい》である。博奕打《ばくちう》ち許《ばか》りである。悪魔《あくま》と狐《きつね》や狸《たぬき》の蔓《はびこ》りた世《よ》である。

◆**正念**　仏道を思念・記憶して忘《わす》れないこと。雑念を払い深く真理を思念すること。心から仏を信《しん》じて、一心《いっしん》に念仏すること。

（六七）

明治36年11月20日（著作集第一七六）（『神霊界』大正10年3月号）

硯《すずり》を洗《あら》いて、筆《ふで》の新《さら》と墨一挺《すみいっちょう》張《は》り込《こ》んで、新暦《しんれき》の明治《めいじ》37年《ねん》1月《がつ》7日《か》、旧暦《きゅうれき》の36年《ねん》11月《がつ》20日《か》に記《しる》し置《お》く。

抑々今年《そもそもことし》の元朝《がんちょう》の年礼《ねんれい》（＝年始の挨拶。賀礼）には、老若貴賤思《ろうにゃくきせんおも》いくの立派《りっぱ》な拵《こしら》えで、何処《どこ》に貧乏神《びんぼうがみ》が御座《ござ》るかと言《い》わん許《ばか》りの有様《ありさま》に引《ひ》き替《か》え、一際人《ひときわひと》の目《め》につきし年礼者《ねんれいしゃ》を見《み》たりとて、村人《むらびと》の噂《うわさ》し合《あ》えるを聞《き》けば、次《つぎ》に示《しめ》す如《ごと》き囁《ささや》きである。

中村様《なかむらさま》もあれ丈《だけ》やつれて、髭《ひげ》をボウ〳〵生《は》やして、竹《たけ》の皮《かわ》の鼻緒《はなお》の下駄《げた》を履《は》いて、年《ねん》に一度《ど》のお正月《しょうがつ》に菅笠《すげがさ》かぶってご座《ざ》負《お》うて、あんなに難儀《なんぎ》をせな神様《かみさま》の御蔭《おかげ》が貰《もら》えんのやろうか。ツク〳〵と噴《ふ》き出《だ》すものがある。かと思《おも》えば此方《こちら》にはいやそれでも律《りち》義《ぎ》な人《ひと》じゃ、あれ丈《だけ》零《お》ちぶれて乞食《こじき》のようになってでも、義務《ぎむ》じゃと思《おも》うて、あんな風采《なり》で丁寧《ていねい》に廻《まわ》って居《お》れると、感心《かんしん》そうに言《い》うて居《お》るのもある。又《また》、あれは金神呆《こんじんぼ》けで狂人《きょうじん》じゃと、笑《わろ》うて居《お》るのもあった。

王仁《わに》も、木綿《もめん》の三つ紋《もん》で年礼《ねんれい》に廻《まわ》りて来《き》て、そこらあたりで、金神《こんじん》さんの話《はなし》やら中《なか》村様《むらさま》の話《はな》しを聞《き》かして貰《もろ》うて帰《かえ》りたのでありました。又《また》一日《にち》おいて、三日《みっか》の事《こと》である。出口《でぐち》の加美《かみ》が、神《かみ》の御告《おっ》げによりて櫃《かし》の実拾《みひろ》いに御越《おこ》しになるので、役員《やくいん》、信者《しんじゃ》が思《おも》いく〳〵の拵《こしら》えでお伴《とも》したのを見《み》て、又村《またむら》の人達《ひとたち》が、金神様《こんじんさま》はいつもお可笑《かし》げなものを沢山寄《たくさんよ》せて居《お》るが、この頃《ごろ》は食物《たべもの》が絶《き》れたと見《み》えて、あの老人《としより》が白髪頭《しらがあたま》して、櫃《かし》の実《み》拾《ひろ》いに沢山《たくさん》の眷属《けんぞく》を連《つ》れて行《い》った、アハ、可愛相《かわいそう》にと、王仁《わに》が朝野《あさの》（＝大本三代教主）を抱《だ》いてそこに遊《あそ》んで居《お》るのも知《し》らずに笑《わろ》うて居《お》りましたが、人《ひと》から見《み》るとその位《くらい》により見《み》えんかと思《おも》うて嘆息《たんそく》をしたのであった。足下《あしもと》へ火《ひ》がついて来《く》る迄《まで》、人《ひと》と言《い》うものはわからぬのである。

明治37年1月8日

（著作集 第一七六）（『神霊界』大正10年3月号）

（六八）

木下慶太郎《きのしたけいたろう》さんが福林《ふくばやし》さんに、お前《まえ》は差添《さしそえ》の種子《たね》でないか、それにお前《まえ》の息子《むすこ》の清一《せいいち》さんは、洋服屋《ようふくや》に見習《みなら》いにやりて置《お》くなぞとは、チト神様《かみさま》に済《す》まんでは無《な》いかと言《い》うて居《お》りてじゃが、余《あま》り気《き》が小《ちい》さ過《す》ぎて、神様《かみさま》の思召《おぼしめ》しを取損《とりそこ》ないして居《お》る。何《なん》なりとして、口《くち》すざさえ（＝口さえ）すれば良《よ》いのであるのにと言《い》うてお口惜《くや》みなされた。

心《こころ》の小《ちい》さい狭《せま》い役員《やくいん》、チト確《しっか》りなさいよ。慢神《まんしん》して居《お》ると、神《かみ》の道《みち》も教祖《きょうそ》の御心《みこころ》も薩張《さっぱ》りわからぬようになるぞ。

今《いま》の役員《やくいん》は、吾《わ》れの目《め》にある材木《ざいもく》は見《み》えずに、人《ひと》の目《め》にある埃《ほこり》はよく見《み》えるのである。又《また》その埃《ほこり》を金《きん》と見《み》たり、金《きん》を埃《ほこり》と見《み》たり、清水《しみず》を泥水《どろみず》と見《み》たりする役員《やくいん》があるから、真実《まこと》になさけ無《な》い事《こと》である。吾《わ》れの目《め》に霞《かすみ》がかゝると、何《なに》も彼《か》も見《み》る物《もの》に霞《かすみ》がかゝりて居《お》るように見《み》えるものである。

明治《めいじ》37年《ねん》1月《がつ》6日《か》、旧暦36年《ねん》11月《がつ》19日《にち》の昼過《ひるす》ぎに聞《き》きたる御言葉《おことば》なり。澄子《すみこ》（＝出口王仁三郎の妻）と二人確《たりたし》かに聴《き》けり。

余《あま》り頑固過《かたくなす》ぎて、行《ゆ》く先《さき》で、出口《でぐち》の加美《かみ》の御心《みこころ》を取違《とりちが》いする者《もの》のあらんことを気遣《きづかい》いて、些細《ささい》の事《こと》なれば、大御心《おおみこころ》なればしるし置《お》くものなり。

（六九）わがおもい――　明治37年1月8日（『神霊界』大正10年3月号）

王仁現世《わにこのよ》の明《あか》りを見《み》てから、最早《もはや》34年《ねん》の月日《つきひ》を送《おく》りたり。然《さ》れどさのみ（＝それほど。さほど）永《なが》し思《おも》わず、夢《ゆめ》の如《ごと》くにして今迄来《いままでき》たれり。

回顧《かいこ》すれば、吾《わ》れは曽我部《そがべ》の片田舎《かたいなか》なる貧《まず》しき農夫《のうふ》の家《いえ》に産声《うぶごえ》を挙《あ》げたりければ、相当《そうとう》の教育《きょういく》をも受《う》くること能《あた》わず。僅《わず》かに尋常小学《じんじょうしょうがく》（＝穴太の借行小学校）を中途迄通《ちゅうとまでかよ》いたるほどにして、雪《ゆき》の晨《あした》には藁仕事《わらしごと》、霜《しも》の夕《ゆう》べにも田《た》を耕《たが》やし、或《あ》いは遠《とお》き所《ところ》の山《やま》に行《ゆ》きて柴《しば》を刈《か》り、木《き》の芽《め》を刈《か》り、或《あ》いは荷車《にぐるま》を曳《ひ》きて父《ちち》の生計《くらし》を助《たす》くる為《ため》に、星《ほし》を頂《いただ》き月《つき》を踏《ふ》んで帰《かえ》りたる事《こと》、生《う》まれて七歳過《ななとせす》ぐる頃《ころ》より23歳《さい》に至《いた》る迄怠《までおこた》らざりき。故《ゆえ》に他《た》の若《わか》き者《もの》の如《ごと》く、普通《ふつう》の教育《きょういく》を受《う》くる事《こと》を得《え》ざれば、漢学《かんがく》も何《なに》も習《なら》い学《まな》ぶの遑《いとま》なく、実《じつ》に惨憺《さんたん》たる身《み》の宿命《すぐせ》なりき。それより後《のち》は、父《ちち》の許《ゆる》しを得《え》て獣医《じゅうい》の道《みち》を学《まな》ぶ為《ため》に、園部《そのべ》なる井上《いのうえ》といえる従弟《いとこ》の家《いえ》に、書生兼《しょせいか》ねたりの牧夫《ぼくふ》として使《つか》われたりしが、三人前《にんまえ》の業《わざ》を吾《わ》れ一人《にん》にて弁《べん》じ行《ゆ》く事《こと》となりければ、医学《いがく》を学《まな》ぶべき暇《いとま》としては、一日《にち》のうちに唯《ただ》の半時間《はんじかん》もあらざりけり。こゝに於《お》いて、再《ふたた》び故里《ふるさと》に帰《かえ》りて牧畜《ぼくちく》の業《ぎょう》を興《おこ》さん為《ため》に奔走《ほんそう》しつゝ、その翌年《あくるとし》の1月《がつ》、即《すなわ》ち明治《めいじ》29年《ねん》の1月《がつ》、吾《わ》が26歳《さい》の春初《はるはじ》めて、一つの事業《じぎょう》を興《おこ》す事《こと》を得《え》たり。今《いま》の穴太《あなお》にある「精乳館《せいにゅうかん》」之《これ》なり。

3年目《ねんめ》の2月《がつ》、即《すなわ》ち明治《めいじ》31年《ねん》の如月《きさらぎ》より、又途《またみち》を転《てん》じて、初《はじ》めて「惟神の道《かむながらのみち》」に就《つ》く事《こと》となりぬ。これ吾《わ》が28歳《さい》の折《おり》なりけり。その年初《としはじ》めて、綾部《あやべ》の裏町《うらまち》に来《きた》りて出口《でぐち》氏《し》を訪《たず》ね、直《ただ》ちに園部《そのべ》黒田《くろだ》迄《まで》引《ひ》き返《かえ》し霊学《れいがく》を開《ひら》きたりしが、明《あ》けて明治《めいじ》32年《ねん》の夏《なつ》、綾《あや》部《べ》より四方《しかた》氏《し》来《きた》りて吾《わ》れを迎《むか》え、その儘《まま》綾部《あやべ》の住《すま》いとなりたりければ今《いま》に置《お》き神典《しんてん》その他《た》の典籍《ふみ》を学《まな》びたる事《こと》あらず。

されど神《かみ》の幸《さいわ》いによりて、神《かみ》の正道《まさみち》を悟《さと》り得《う》るようになり行《ゆ》きて、人《ひと》に劣《おと》らぬ迄《まで》の御蔭《おかげ》を蒙《こうむ》りたりと見え、雅《わか》き時《とき》より神童《しんどう》と崇《あが》められ、地獄耳《じごくみみ》と渾名《あだな》され、又喜楽《またきらく》さんなどと持《も》て囃《はや》されて、夢《ゆめ》の如《ごと》くに人生《じんせい》の半《なか》ばを送《おく》りぬ。

いざ是《これ》よりは、新《あらた》に34年《とせ》の昔《むかし》の赤児《あかご》に生《う》まれ代《かわ》りて、世《よ》の為道《ためみち》の為《ため》に竭《つく》さんと思《おも》い定《さだ》めて、生命毛《いのちげ》の惟神《かむながら》の筆《ふで》を揮《ふる》わんとするなり。されど吾《わ》れは元来文学者《がんらいぶんがくしゃ》にあらざれば、文綴《ふみつづ》る道《みち》を知《し》らず。只言葉《ただことば》の代《かわ》りに、事《こと》さえわかりなば良《よ》しと言《い》う考《かんが》えなれば、文《ぶん》の拙《つたな》きは自《みずか》ら意《い》とせざるところなり。いでや吾《わ》れ是《これ》より神《かみ》の御力《みちから》を藉《か》りて、古人《こじん》の未《いま》だ説《と》き得《え》ざりしところの真理《しんり》を筆《ふで》と口《くち》とにあらわさん。生《う》まれ代《かわ》りて吾《わ》が言葉《ことば》を聴《き》け。

（七〇）わがおもい―二

明治37年1月8日（『神霊界』大正10年3月号）

お筆先《ふでさき》を読《よ》む者《もの》は、所謂変性男子《いわゆるへんじょうなんし》を読《よ》むものなり、艮《うしとら》の金神《こんじん》を読《よ》むものなり、出口《でぐち》の加美《かみ》を読《よ》むものなり。筆先《ふでさき》には、神《かみ》のすべての心《こころ》と、すべての行《おこな》いとを、漏《も》らさず載《の》せられたればなり。神《かみ》の御心《みこころ》と変性男子《へんじょうなんし》の身魂《みたま》を知《し》らんとするものは、筆先《ふでさき》を調《しら》ぶるに若《し》くものなし。筆先《ふでさき》は艮《うしとら》の金神《こんじん》出口《でぐち》の加美《かみ》の生《い》ける御姿《みすがた》なり、故《ゆえ》に艮《うしとら》の金神《こんじん》は筆《ふで》先《さき》にて世《よ》に顕《あら》わると宣《の》り給《たま》えり。天地《てんち》を守《まも》り給《たも》う神《かみ》の御心《みこころ》、万物《ばんぶつ》を造《つく》りたまえる神《かみ》の働《はたら》きなぞ、ありく\と伺《うかが》い奉《たてまつ》ることを得《う》べきなり。この筆先《ふでさき》によりて救《すく》いの道《みち》も明《あき》らかになり、亡《ほろ》ぶる世《よ》も栄《さか》ゆるなり、真実《まこと》にこの世《よ》の宝《たから》と讃《たた》え得《う》べきなり。

（七一）わがおもい―三

明治37年1月8日（『神霊界』大正10年3月号）

筆先《ふでさき》は沢山《たくさん》有《あ》るが、何処《どこ》を調《しら》べても有《あ》りの儘《まま》である。極質素《ごくしっそ》なもので、平易《へいい》なもので、解《わか》り易《やす》く直《なお》きものである。別段《べつだん》に拵《こしら》えたらしい事《こと》も無《な》く、組織《そしき》も無《な》く、系統《けいとう》も無《な》く、只極粗末《ただごくそまつ》なる後先《あとさき》まぜこぜの有《あ》りの儘《まま》なる言葉《ことば》やら出来事《できごと》を誌《しる》してあるのであるから、何程疑《なにほどうたが》い深《ふか》い者《もの》でも、この筆先《ふでさき》の何処《どこ》に一つ小説《しょうせつ》らしいところやら、誇張《こちょう》らしきところやら、仮構《かこう》（＝仮の構造）らしきものゝあるを見出《みいだ》す事《こと》は出来無《できな》いのである。

然《しか》も吾等《われら》は、綾部《あやべ》の大橋《おおはし》より於与岐《およぎ》の弥仙山《みせんざん》を望《のぞ》むが如《ごと》く、筆先《ふでさき》の活《い》ける面目《めんもく》を望《のぞ》むことを得《え》らるゝのである。就《つ》いては、変性女子《へんじょうにょし》の筆先《ふでさき》も、同《おな》じく有《あ》りの儘《まま》の事《こと》を誌《しる》したる事《こと》を忘《わす》るべからず。

（七二）わがおもい―四

明治37年1月8日（『神霊界』大正10年3月号）

吾《わ》が数年《すうねん》の歴史《れきし》は失敗《しっぱい》の歴史《れきし》なり。時代精神《じだいせいしん》の権化《ごんげ》とも言《い》うべき行動《こうどう》を執《と》れり。失《しっ》敗《ぱい》は代《かわ》って功績《いさおし》となり代《かわ》りたりき。いさゝか心安《こころやす》らかなり。吾《わ》れはもと志《こころざし》を世《よ》を救《すく》うにあり。乱《みだ》れたる世《よ》を正《ただ》すにあり。故《ゆえ》にいつも心《こころ》は哲学的《てつがくてき》の退隠者《たいいんしゃ》（＝世の務めから退いてひまな身となること）にあらず、又安静《またあんせい》なる生涯《しょうがい》を楽《たの》しむものにあらざりき。故《ゆえ》に心《こころ》は常《つね》に東奔西走《とうほんせいそう》せり。されど天《てん》は吾《わ》れに一度《ひとたび》も得意《とくい》の時《とき》を与《あた》えざりき。あゝされど天《てん》をも地《ち》をも恨《うら》みざるべし。現世《げんせ》に縮《ちぢ》みて後《のち》の世《よ》に伸《の》びん。

（七三）わがおもい―五

明治37年1月8日（『神霊界』大正10年3月号）

世《よ》の中《なか》の事《こと》は一つとして満足《まんぞく》なる能《あた》わざるものなり。吾《わ》が望《のぞ》みは、とても短《みじか》き生命《いのち》の一代《だい》の間《うち》に達《たっ》せらるべきにあらず。されど成《な》るべくは吾《わ》が思《おも》いの十分《じゅうぶん》の一なりとも、成《な》し遂《と》げんと思《おも》うは、常《つね》の吾《わ》が心《こころ》の悩《なや》みなり。されど吾《わ》れは、現世《げんせ》に於《お》いて伸《の》ぶる事《こと》は到底能《とうていあた》わず、後《のち》の世《よ》にのみ望《のぞ》みあり。

現世《げんせ》に縮《ちぢ》みて後《のち》の世《よ》に伸《の》び、一代《だい》に躓《つまず》きて末代《まつだい》に達《たっ》せんと思《おも》うなり。吾《わ》れは濁《にご》れる世《よ》を清《きよ》めんが為《ため》に、肉体《にくたい》の生命《いのち》の永《なが》からん事《こと》を願《ねが》うなり。この世清《よきよ》ければ吾《わ》れはこの世《よ》に用無《ような》き者《もの》なり。吾《わ》れは生《い》きんが為《ため》に喰《く》らうなり、喰《く》らうが為《ため》に飲《の》むが為《ため》に生《い》くるにあらず。吾《わ》が身魂《みたま》の発達《はったつ》と世界《せかい》の洗濯《せんたく》の為《ため》に、必要《ひつよう》ありて生《い》きんと望《のぞ》むなり。

（七四）わがおもい―六

明治37年1月8日（『神霊界』大正10年3月号）

吾《わ》れ一人《いちにん》としては、唯吾《ただわ》が授《さず》かりし荒魂《あらみたま》の勇気《ゆうき》と、和魂《にぎみたま》の親《しん》と、奇魂《くしみたま》の智恵《ちえ》と、幸魂《さちみたま》の愛《あい》とが、直霊《なおひ》の反省《はんせい》の力《ちから》によりて真正《しんせい》によく発達《はったつ》して、神界《しんかい》に帰《かえ》る事《こと》のみを祈《いの》るものなり。一人《ひとり》としての吾《わ》れの心《こころ》のうち未《いま》だ清《きよ》からず、未《いま》だ全《まった》からず。

ア、如何《いか》にして数多《あまた》の人《ひと》の為《ため》に膏《あぶら》となり、差添《さしそえ》となり、光《ひかり》となることを得《え》ん。吾《わ》れは吾《わ》が心《こころ》の清《きよ》まりて、世《よ》の人《ひと》の鏡《かがみ》となる事《こと》さえ得《う》べければ、それにて足《た》れり。何《なん》ぞ人《ひと》の隠《かく》れたる霊魂《みたま》の奥迄《おくまで》も清《きよ》むる事《こと》を得《え》ん。唯吾《ただわ》れの心清《こころきよ》まりて、誠《まこと》の光《ひか》りさえ放《はな》ち得《え》なば、ここに始《はじ》めて世《よ》の燈明台《とうみょうだい》となり得《う》べし。思《おも》いを高《たか》くして現実《げんじつ》に徹底《てってい》せば足《た》りぬるなり。

（七五）わがおもい―七

明治37年1月8日（『著作集』第2巻）

吾《わ》が肉体《にくたい》は霊魂《れいこん》の苗代《なわしろ》なり。神《かみ》はこの苗代《なわしろ》に四つの種《たね》を蒔《ま》き給《たま》い、直霊《なおひ》の魂《みたま》と云《い》う農夫《のうふ》をして、枉津霊《まがひ》という悪《あ》しき草《くさ》を取《と》り除《のぞ》かしめ、四つの種《たね》の円満《えんまん》に発達《はったつ》せんことを望《のぞ》み給《たま》えり。直霊《なおひ》の魂《みたま》の手足《てあし》は、省《かえり》みるという心《こころ》なり。この手足《てあし》によりて、枉津霊《まがひ》の草《くさ》を却《しりぞ》け、正《ただ》しき霊魂《みたま》の種《たね》を発達《はったつ》せしむるなり。この四つの種《たね》にして唯《ただ》の一つも実《みの》りせざる時《とき》は、是誰《これだれ》の罪《つみ》ぞ。農夫《のうふ》の手足働《てあしはたら》かざりし故《ゆえ》なり。又苗代《またなわしろ》も悪《わる》かりし故《ゆえ》なり。霊魂《みたま》の発達《はったつ》して高天原《たかあまはら》の国《くに》に到《いた》る力《ちから》を養《やしの》うところは、この肉体《にくたい》の苗代《なわしろ》より他《た》に無《な》し。されば吾等《われら》は生《せい》あるうちに霊魂《れいこん》をよく培《つちか》いて発達《はったつ》せしむべきなり。

（七六）わがおもい―八

明治37年1月8日（『神霊界』大正10年3月号）

如何《いか》に貧《まず》しく暮《くら》すとも、誠《まこと》の道《みち》を踏《ふ》む事《こと》を得《え》ば、楽《たの》しきものなり、如何《いか》に富《と》みたりとて、誠《まこと》の道《みち》を踏《ふ》まんとしても踏《ふ》むことを得《え》ざる程苦《ほどくる》しく悲《かな》しきはあらず。失敗《しっぱい》したりとて、吾《わ》れは道《みち》を踏《ふ》みて失敗《しっぱい》したるなり。吾《わ》れの目的《もくてき》に向《む》かって失敗《しっぱい》する、何《なん》ぞ憂《うれ》うることあらん。人《ひと》たるものの目的《もくてき》に於《お》いて一歩《いっぽ》を進《すす》めたればなり。如何《いか》に悪罵《あくば》さるゝとも、又如何《またいか》に誉《ほ》めらるゝとも如何《いかが》あらん。誠《まこと》の心《こころ》の嘉賞《かしょう》（＝良しとして褒め称える。愛でる）は、吾《わ》が心《こころ》に天《てん》の音楽《おんがく》を聴《き》くが如《ごと》し。心《こころ》に誠《まこと》を竭《つく》し得《え》たる事《こと》さえ悟《さと》りなば、何《なん》ぞ人《ひと》の誉《ほ》め譏《そし》りを意《い》に介《かい》せんや。只千載《ただせんざい》の後《のち》に吾《わ》が心《こころ》の中《うち》を知《し》るものあらば、以《もっ》ての外《ほか》の幸《さいわ》いと思《おも》うのみ。

明治37年1月8日（『神霊界』大正10年3月号）

（七七）わがおもいー九

孔子《こうし》という聖人《せいじん》あり。晨《あした》に道《みち》を聞《き》いて夕《ゆうべ》に死《し》すとも可《か》なりと教《おし》ゆ。されど吾《わ》れは思《おも》う。道《みち》は聞《き》くのみにして全《まった》からず。道《みち》を聞《き》いて後《のち》に道《みち》の種《たね》を蒔《ま》き、その種生《たねは》え、枝茂《えだしげ》りて花咲《はなさ》き実《み》を結《むす》びなば、死《し》すとも良《よ》し、されど種《たね》のみ見《み》て、蒔《ま》かず培《つちか》わず死《し》す、何《なん》の利益《りえき》か之《これ》あらん。されど夕《ゆうべ》に死《し》するもの、晨《あした》に道《みち》を聞《き》く、聞《き》かざるものに較《くら》ぶれば、万々優《まんまんまさ》れり。吾《わ》れが思《おも》うところは、教《おしえ》を聞《き》きてその教《おしえ》の実《み》のりを得《え》て散《ち》りなんことを望《のぞ》むなり。死《し》して行《ゆ》くもの、死《し》に臨《のぞ》みて道《みち》を聞《き》くとも歩《あゆ》む事《こと》を知《し》らざるべし。常《つね》に歩《あゆ》み習《なら》いて置《お》かざる時《とき》は、何《なん》のしるしか之《これ》有《あ》らんや。盗人《ぬすびと》捕《とら》えて縄《なわ》をなう如《ごと》く、その時《とき》の間《ま》に合《あ》わざるべし。

（七八）わがおもい―一〇

明治37年1月8日（『神霊界』大正10年3月号）

吾《わ》れは心静《こころしず》かに動《うご》かんとす。又平《またたいら》かなる気《き》を以《もっ》て、目的《もくてき》に向《むか》って進《すす》まんとす。いつも不平《ふへい》の中《うち》に安楽《あんらく》の光《ひかり》を得《え》て進《すす》みつゝあり。されど吾《わ》れの周囲《まわり》にありて、吾《わ》れに沈香《じんこう》（＝香木の一つ）も焚《た》かさしめず、屁《へ》をもこかさしめざらんとす。されど不平《ふへい》の為《ため》に狂者《きちがい》となりて許《いつわ》る事《こと》を好《この》まず、人《ひと》を罵《ののし》る事《こと》を好《この》まざるなり。されど道《みち》の為《ため》に止《や》むを得《え》ざる事《こと》は之《これ》を敢《あえ》てせり。吾《わ》れは宗教家《しゅうきょうか》の如《ごと》くこの世《よ》を厭世《えんせい》（＝世の中を悲観し、嫌い、絶望せるさま）せず、また厭世的《えんせいてき》に観察《かんさつ》せず。最《もっと》も望《のぞ》みある美《うるわ》しき楽《たの》しき御世《みよ》と見做《みな》しつゝあり。曇《くも》りたる世《よ》も、身魂《みたま》の光《ひかり》さえあれば、望《のぞ》み深《ふか》き世《よ》の中《なか》たる事《こと》を信《しん》じて疑《うたが》うこと能《あた》わざるものなり。吾《わ》れは楽天主義《らくてんしゅぎ》を抱《いだ》けるなり。

（七九）わがおもい―一一

明治37年1月8日（『神霊界』大正10年3月号）

吾《わ》れの目的《もくてき》は、四魂《しこん》を真正《しんせい》に発達《はったつ》せしめて、真《しん》の勇《ゆう》なり、智《ち》なり、愛《あい》なり、親《しん》なりを真面目《まじめ》に世《よ》に輝《かがや》かして、国《くに》を治《おさ》め天《あめ》が下《した》を安《やす》らかに、その上身魂迄《うえみたままで》も、安《やす》き天国《てんごく》に導《みちび》かんとするものなり。四魂《しこん》にして全《まった》き活用《はたらき》きなす時《とき》は、神《かみ》に等《ひと》しき業《わざ》をもなし得《う》べし。されば、国《くに》を治《おさ》め、天《あめ》が下《した》を平《たい》らかに、世界押《せかいお》し並《な》べて勇《いさ》ましむる事《こと》を得《う》べきなり。この四魂《しこん》を全《まっ》たからしむる力《ちから》は、信仰《しんこう》の力《ちから》によりて得《え》らるゝものなり。四魂《しこん》にして全《まった》からんか、幽冥界《かくりよ》の神国《しんこく》を治《おさ》め、幽冥界《かくりよ》の荒振《あらぶ》る邪悪神《よこしまがみ》を平《たい》らぐること、いと安《やす》かるべし。肉体《にくたい》の力《ちから》も、霊魂《れいこん》の力《ちから》も、皆四魂《みなしこん》の全《まった》く発達《はったつ》するより得《え》らるゝものなることを信《しん》ず。

（八十）わがおもい――一二

明治37年1月8日（『神霊界』大正10年3月号）

差添《さしそえ》の役員《やくいん》は、神《かみ》を信《しん》ずる事最《こともっと》も深《ふか》く、最《もっと》も強《つよ》し。己《おの》れ深《ふか》く信《しん》ずるによりて、人《ひと》も亦深《またふか》く信《しん》ぜしむることを得《う》るなり。自《みずか》ら正《ただ》しゅして人《ひと》を正《ただ》し、自《みずか》ら行《おこの》うて人《ひと》これを信《しん》ず。されど吾《わ》が目《め》には、彼等《かれら》の信仰強《しんこうつよ》き丈《だけ》、一方《いっぽう》に偏《へん》して其《そ》の中心点《ちゅうしんてん》を失《うしな》いつゝあるを、憐《あわ》み且《か》つ憂《うれ》うるものなり。彼等《かれら》は信仰篤《しんこうあつ》き丈迷《だけまよ》いも亦篤《またあつ》し、省《かえり》みざるべからず。眼醒《めざ》めざるべからず。

（『裏の神諭』掲載分終り）

道の栞（第一巻　下）

59
国《くに》と国《くに》との戦《たたか》いが起《おこ》るのも、人《ひと》と人《ひと》との争《あらそ》いが起《おこ》るのも、みな欲《よく》からである。神心《かみごころ》にならずして世界《せかい》のためを思《おも》わずして、我国《わがくに》さえよければ人《ひと》の国《くに》はどうでもよい、我身《わがみ》さえよければ人《ひと》の身《み》はどうなってもよいという自己愛《じこあい》から、戦《たたか》いや争《あらそ》いが起《おこ》るのである。これらはみな悪《あく》の行為《こうい》である。

60
神《かみ》に習《なら》う事《こと》を忘《わす》れて我《が》を出《だ》して貪《むさぼ》らんとするから得《え》られぬのである。人《ひと》を殺《ころ》してまでも人《ひと》の国《くに》を奪《うば》い、人《ひと》を倒《たお》してでも人《ひと》の物《もの》を奪《うば》い取《と》ろうとするから、却《かえ》ってすこたんを喰《く》うのである。某々両国《ぼうぼうりょうこく》の今度《こんど》の行方《やりかた》が世界《せかい》の悪《あく》の鏡《かがみ》である。

明治37年旧4月15日神示

第二編　筆のしづく

（『出口王仁三郎著作集』第二巻）

筆のしづく　第一の巻

（明治36年7月19日竜宮館にて出口王仁三郎しるす）

第一

「露国《ろこく》から始《はじ》まりてもう一戦《ひといくさ》があるぞよ。それで世《よ》を立替《たてか》えて艮《うしとら》の金神《こんじん》の世《よ》と致《いた》すぞよ」との御告《おつ》げが、明治《めいじ》28年《ねん》の御筆先《おふでさき》に現《あらわ》れてあるが、ロシアの国《くに》は誠《まこと》に強欲《ごうよく》な国《くに》で、人《ひと》の国《くに》を奪《と》ることばかりを国《くに》の方針《ほうしん》にして居《お》る畜類同然《けだものどうぜん》の国泥棒《くにどろぼう》で、人《ひと》の国《くに》を一《ひと》呑《のみ》にしては太《ふと》りて来《き》て、ロシアは強欲天使《ごうよくてんし》ピートル大帝《たいてい》（=ピョートル大帝。１６８２～１７２５年。帝政ロシアの初代皇帝。北方戦争でバルト海へ進出。都ペテルブルグを建設。ロマノフ王朝の繁栄を出現。最初の妻を修道院に幽閉。エカテリーナ〈ドイツ人〉と再婚、皇帝の死後に大帝国をつくる）からの目論見《もくろみ》で、またこの頃新《ころさら》つに国《くに》を奪《と》ろうと思《おも》うて、ペルシャ（=トルコ）・満州《まんしゅう》・朝鮮《ちょうせん》・チベット・イリ（=現在の中華人民共和国新疆ウイグル自治区北部のイリ・カザフ自治州）・新疆《しんきょう》・ノルーウエーまでも露国《ろこく》に合《あわ》せてしまう欲心《よくしん》を起《おこ》して、軍備《ぐんび》に大金《たいきん》を抛《なげう》ってまだ飽《あ》き足《た》らないで、バルカン・セエルビア国《くに》まで目《め》がけて居《お》る熊鷹根性《くまたかこんじょう》（＝帝政ロシアを熊鷹にたとえた）の国《くに》の餓鬼《がき》、その上《うえ》にこの尊《とう》き日《ひ》の本《もと》まで行々《ゆくゆく》は我物《わがもの》にしてしまう積《つも》りでその用意《ようい》ばかりにかかって居《お》る鬼《おに》の国《くに》を、今度《こんど》艮《うしとら》の金神変性男子《こんじんへんじょうなんし》のみたまが現《あらわ》れて往生《おうじょう》させなさりて、何時《いつ》までも日本《にほん》へ手出《てだ》しを能《よ》う致《いた》さぬ様《よう》にお構《かま》い遊《あそ》ばす。

この尊《とうと》き神《かみ》を敬《うやま》い奉《まつ》りて国《くに》の為《ため》に尽《つく》せよと、12年《ねん》の間《あいだ》一日《にち》も欠《か》かさず、口《くち》で知《し》らし筆先《ふでさき》に書《か》いて見《み》せなされても、暗《くら》がりの世《よ》の中《なか》であるから出口《でぐち》の神《かみ》の教《おしえ》を耳《みみ》に入《い》れる人民《じんみん》がないので、神《かみ》さんがお独《ひと》り御苦労遊《ごくろうあそ》ばすのである。何《いず》れ日本《にほん》とロシアとは、どうしても大戦《おおたたか》いをやらねば世界《せかい》の悶錯《もんぜつ》が絶《た》えぬ故《ゆえ》に、戦《たたか》いはあるから、日本《にほん》の人民《じんみん》の心《こころ》を一つに固《かた》めて、軍人《ぐんじん》の愛国心《あいこくしん》が一等《とう》。日清戦争《にっしんせんそう》にもろうた勲章《くんしょう》で一代飼殺《だいかいごろ》しにして貰《もら》うのを喜《よろこ》んで、妻子《さいし》に未練《みれん》を残《のこ》して愚図々々《ぐずぐず》して居《お》るような軍人《ぐんじん》でありたら、今度日本《こんどにほん》の国《くに》も何《なに》も彼《か》も奪《うば》われてしまう、心《こころ》一つ。

第二

貪欲飽《どんよくあ》くなき露国《ろこく》は、50年程前《ねんほどまえ》から日本《にほん》・支那《しな》・朝鮮《ちょうせん》一つに丸《まる》めて、インドまでも露国《ろこく》の土地《とち》にする仕組《しぐみ》で、金《かね》の要《い》るのは底《そこ》しれず、今《いま》までは思惑通《しわくどお》りに人《ひと》の国《くに》を呑《の》んで来《き》たが、その代《かわ》り国債《こくさい》が70億ルーブルもかさんで、国内《こくない》でも外国《がいこく》でも、金《かね》を借《か》り入《い》れる余地《よち》がなくなりても頓着《とんちゃく》せず、年々《ねんねん》4〜5千万円《せんまんえん》も損《そん》の行《ゆ》くシベリア鉄道《てつどう》に東《とう》清鉄道《しんてつどう》（=帝政ロシアが満州に建設した鉄道）・旅順《りょじゅん》・ダルニー（=ロシア語で遠くの意。中国大連）などの大層《たいそう》な仕組《しぐみ》をして、

――――◇◇◇――――

○るいだんの危《あや》ふき露国《から》を救《すく》はずば
　やがて御《み》国《くに》の仇《あだ》となりなむ　　王仁

（『伊都能売道歌』17頁）

日本《にほん》を奪《と》る足場《あしば》を拵《こしら》えて居《お》るのであるが、日本《にほん》の番頭《ばんとう》・丁稚《でっち》どん、ちと確《しっか》りして腰《こし》を据《す》えてかからんと、世界中《せかいじゅう》へよい恥《はじ》を曝《さら》さんならぬ様《よう》になる。

日本初《にほんはじ》まりてから無《な》き事《こと》が出来《でき》るとのお筆先《ふでさき》が出《で》て来《き》て、毛色《けいろ》の変《かわ》りたイギリスの大国《たいこく》と手《て》を握《にぎ》り合《あ》って、「日英同盟《にちえいどうめい》」（＝明治35（１９０２）年、日英の間に結ばれた条約。ロシアのアジア進出を牽制するのが目的に締結。）じゃというて大《おお》きな顔《かお》して爵位勲章《しゃくいくんしょう》（＝ガーター勲章）を貪《むさぼ》り、何時《いつ》までも変《か》わらぬ同盟《どうめい》じゃと思《おも》って、余程力《よほどちから》になる様《よう》に思《おも》うて油断《ゆだん》して、先《さき》の見《み》えんも余《あま》り、今《いま》にツバメ返《かえ》しにかえられて、アフンとして尻餅《しりもち》を搗《つ》いて頭《あたま》の上《あが》らんことが来《く》るが、それが判《わか》らん様《よう》な事《こと》では神国《しんこく》の世話《せわ》はして貰《もら》えんぞ。高《たか》い給金《きゅうきん》ばかり取《と》りて、黒塗《くろぬ》りの馬車《ばしゃ》に乗《の》って、大道往来《だいどうおうらい》の場塞《ばふさ》ぎばかりをするのは能《のう》ではあるまい。

第三

艮《うしとら》の金神様《こんじんさま》のお構《かま》いなさる松《まつ》の世《よ》（＝いつも変わらぬ理想の平和社会）のやり方《かた》は、兵士《へいし》も要《い》らぬ軍《いくさ》もなき様《よう》に、天下泰平《てんかたいへい》に治《おさ》まる様《よう》になる。軍備《ぐんび》や戦争《せんそう》は、今《いま》の政府《せいふ》が地主《じぬし》や資本家《しほんか》を守《まも》る為《ため》の力《ちから》にするので、世界数多《せかいあまた》の人民《じんみん》は、地主《じぬし》と資本家《しほんか》の為《ため》に、兵《へい》にも採《と》られて大事《だいじ》の命《いのち》まで投《な》げ出《だ》して、その上《うえ》に多《おお》くの税《ぜい》を取《と》り上《あ》げられねばならぬ。高見《たかみ》へ土持《つちも》ちで、こんなつまらん事《こと》はないから、この世《よ》に立替《たてかえ》があるのでござる。

今《いま》や世界《せかい》の国々《くにぐに》は、軍備《ぐんび》のために実《じつ》に250億《おく》ドルの国債《こくさい》を起《おこ》して、その利息《りそく》だけでも毎日《まいにち》3百万人以上《びゃくまんにんいじょう》の者《もの》が働《はたら》かねばならぬ様《よう》になり、そればかりか幾百万《いくひゃくまん》の達者《たっしゃ》盛《ざか》りの若者《わかもの》は、絶《た》えず兵《へい》に出《で》て人殺《ひとごろ》しの業《わざ》を習《なら》って、入《い》らぬ無益《むえき》の艱難苦労《かんなんくろう》を嘗《な》めねばならず、何処《どこ》の国《くに》も達者《たっしゃ》なものは皆選《みなえ》り抜《ぬ》いて兵《へい》に徴集《ちょうしゅう》して、田畑《たはた》に耕作《こうさく》するのは、皆白髪混《みなしらがま》ぜりの老人《ろうじん》やら、不具者《ふぐしゃ》や女子供《おんなこども》ばかりであるが、実《じつ》に憐《あわ》れ至極《しごく》な世《よ》の中《なか》ではないか。その上《うえ》、万一戦争《まんいちせんそう》でも始《はじ》まりた日《ひ》には、幾億《いくおく》という金《かね》を使《つか》い幾万《いくまん》の生命《いのち》を放《ほ》かして、人民《じんみん》は痛《いた》い上《うえ》にも痛《いた》い目《め》に会《お》うて、国《くに》は半潰《はんつぶ》れになり、何時《いつ》までも撚《よ》りが戻《もど》らず、残《のこ》るものは少《すこ》しばかりの軍人《ぐんじん》の巧名《こうみょう》と山子師《やまこし》の銭儲《ぜにもう》け位《くらい》である。ア、世界《せかい》にこれ位重《くらいおも》い罪《つみ》があろうか。これ位《くらい》な禍《わざわい》があろうか。これがさっぱり畜生《ちくしょう》の世《よ》で、強《つよ》い者勝《ものか》ちの悪魔《あくがみ》の世界《せかい》ではないか。こんな世《よ》を何時《いつ》までもこの儘《まま》にして置《お》いたら、もうこの先《さき》は共食《ともぐ》いをするより仕様《しよう》がなくなるから、天《てん》からの命令《めいれい》で今度《こんど》二度目《どめ》の世《よ》の立替《たてかえ》であるから、中々大謨《なかなかたいもう》なことの仕組《しぐみ》でござる。

第五

日本《にほん》の御世話所《おせわどころ》の大番頭《おおばんとう》さん中番頭《なかばんとう》さん、何《なに》を愚図々々《ぐずぐず》してござる。満州問題《まんしゅうもんだい》・朝鮮問題《ちょうせんもんだい》も、さっぱり外交《がいこう》の秘密々々《ひみつひみつ》というて、4千万《せんまん》の国民《こくみん》を盲聾《めくらつんぼ》にして、掛合《かけあ》いを不利益《ふりえき》なる露都《ろと》セントペートルスポルグ（＝サンクトペテルブルク　1711～1917年までの、ロシアの首都。モスクワに次ぎ第2の都市。）で、栗野公使《くりのこうし》（＝栗野慎一郎。明治34年、ロシア公使となり日露戦争前の交渉にあたる）の手《て》でやらして居《お》るそうじゃが、何故《なにゆえ》、我日本《わがにっぽん》、東京《とうきょう》の真中《まんなか》へ引《ひ》っ張《ぱ》りて来《き》て談判《だんぱん》をやらんのか。何《いず》れ思《おも》い切《き》った事《こと》は、その腕前《うでまえ》では出来《でき》はせぬ。露国《ろこく》のかんぶくろ（＝紙の袋）へ入《い》れられて口《くち》を縛《しば》られて、動《うご》きのとれん様《よう》になるまで気《き》が付《つ》こまい。露国《ろこく》は色々《いろいろ》と蜜《みつ》で釣《つ》ろうとしておるから、確《しっか》り腹《はら》を据《す》えてかかりて貰《もら》いたい。

口《くち》に蜜《みつ》ある虫《むし》は尻《しり》に剣《けん》あり、露国《ろこく》は嘘《うそ》を吐《つ》くのは十八番《ばん》であるから、眉毛《まゆげ》に唾《つば》をつけてつままれん様《よう》にかかって貰《もら》い度《た》くござる。露国《ろこく》は、満州《まんしゅう》・朝鮮《ちょうせん》をいらい以《もっ》て（＝いじめ乍ら）北京《ぺきん》をめがけて、遂《つい》に直隷《ちょくれい》（＝直接に天子または中央政府に属する。中国の明・清代の旧省名。京師に直属する地区）に足場《あしば》を拵《こしら》え、支那《しな》4百余州《ひゃくよしゅう》を我物《わがもの》にしてしまえば日本《にほん》は一コロじゃという深《ふか》い考《かんが》えであるから、今《いま》の内《うち》に日本《にほん》から乗《の》り込《こ》んで、露国人《ろこくじん》を支那《しな》・朝鮮《ちょうせん》に一人《ひとり》も居《お》らぬ様《よう》に追《お》い返《かえ》してしまわねば、どれだけ固《かた》い固《かた》い条約《じょうやく》でも反古同然《ほごどうぜん》。露国《ろこく》は、何時《いつ》も日本《にほん》に油断《ゆだん》をさせておいてどしく仕組《しぐみ》をやるのであるから、ここらで思《おも》い切《き》って戦《たたか》わねば、一日増《にちま》しに日本《にほん》の不利益《ふりえき》になるばかりでござる。

何《いず》れ一度《ど》はもう叶《かな》わんという所《ところ》まで行《ゆ》くなれど、日本《にほん》の人民《じんみん》が、神《かみ》に縋《すが》らねば、とても日本《にほん》は助《たす》からんという事《こと》が、腹《はら》の心底《しんそこ》から気《き》が付《つ》いて来《き》たなれば、綾部《あやべ》の高天原《たかあまはら》からこの世《よ》の荒神《あらがみ》が現《あらわ》れなさって、露国《ろこく》その他《た》の外国《がいこく》を往生《おうじょう》さして、万劫末代日本《まんごうまつだいにほん》に刃向《はむこ》うて来《こ》んようになさるのであるから、信神《しんじん》が肝要《かんよう》ぞ。

第六

「艮《うしとら》の金神《こんじん》が現《あらわ》れて、神《かみ》と学《がく》との力比《ちからくら》べを致《いた》して、外国《がいこく》の学《がく》を平《たいら》げて、日本《にほん》の国《くに》は神力《しんりき》でないと行《ゆ》けん様《よう》になるぞよ。今《いま》までは学《がく》と弁《べん》とで何程《なにほど》でも出世《しゅっせ》は出来《でき》たなれど、もう学《がく》の世《よ》は済《す》みたから学者《がくしゃ》は慮見違《りょうけんちが》うことになるぞよ」と、筆先《ふでさき》に何時《いっ》もお知《し》らせなされたが、その時節《じせつ》が出《で》て来《き》て、もうこの先《さき》は神力《しんりき》でないと間《ま》に合《あ》わん様《よう》になるのでござる。

彼《か》の大学校《だいがっこう》から毎年《まいとし》湧《わ》いて来《く》る博士《はかせ》や学士《がくし》は雨後《うご》の筍《たけのこ》の如《ごと》く殖《ふ》えるばかりで、追々学者《おいおいがくしゃ》の値《ね》が下落《げらく》して、この頃《ごろ》はもう売《う》れ口《くち》がなくなったそうで、実地《じっち》の間《ま》に合《あ》わんという事《こと》が人民《じんみん》に気《き》が付《つ》いて、誰《だれ》も雇《やと》い手《て》がない様《よう》になった。商店《しょうてん》の丁稚《でっち》代《が》り位《くらい》のことにより間《ま》に合《あ》わず、実《じつ》に金食《かねく》い虫《むし》の穀潰《ごくつぶ》しで、その上鼻《うえはな》が高《たこ》うなって細《こま》かい事《こと》には間《ま》に合《あ》わず、行《ゆ》く所《ところ》のない憐《あわ》れな亡者《もうじゃ》でござる。日本《にほん》にはもう用《よう》がないから、出《で》稼《かせ》ぎ人《にん》の小頭《こがしら》でもして、外国《がいこく》へでも行《ゆ》くより外《ほか》はない。幸《さいわ》い彼等《かれら》は英語《えいご》を解《わ》けるから、外国下《がいこくくだ》りの出稼人《でかせぎにん》の通弁《つうべん》には都合《つごう》がよかろう。こうなると、学者《がくしゃ》も実《じつ》に気《き》の毒《どく》なものであるが、学《がく》ではこの世《よ》は治《おさ》まらぬ。又口過《またくちす》ぎも出来《でき》ぬ様《よう》になる。なさけなき次第《しだい》でござる。日本《にほん》は、神《かみ》を敬《うやも》うて誠《まこと》の神国《しんこく》の行《おこな》いさえ致《いた》したなれば、天下《てんか》は泰平《たいへい》に治《おさ》まるのでござる。今《いま》の上《うえ》に立《た》ちて居《お》る役人《やくにん》なり学者《がくしゃ》は、木《き》に拠《よ》りて魚《うお》を求《もと》む如《ごと》き反対《あべこべ》思案《しあん》より出《で》んのでござる。日本《にほん》は神国《しんこく》であるから、神徳《しんとく》を積《つ》んで魂《たま》さえ磨《みが》けば、別《べつ》に六《むつ》ヶ敷学《しきがく》に凝《こ》らいでも、いろは四十八文字《もじ》を使《つか》えば、ちっとも不自由《ふじゆう》はないのでござる。

第七

日本全国《にほんぜんこく》の坊主《ぼうず》の数《かず》は五万余《まんあま》りあるが、碌《ろく》な坊主《ぼうず》は雨気《あまけ》の空《そら》の星程《ほしほど》よりない。肉《にく》食妻帯《しょくさいたい》をして仏《ほとけ》の顔《かお》に泥《どろ》を塗《ぬ》り、手《て》かけと般若湯《はんにゃとう》に酔《よ》いどれて、須弥壇《しゅみだん》の横《よこ》で見苦《みぐる》しき狂言《きょうげん》をやって日《ひ》を送《おく》る生臭坊主位《なまぐさぼうずくらい》、気楽《きらく》な者《もの》はこの世《よ》になかろう。日《ひ》の暮《くれ》に鐘《かね》を撞《つ》くのと、葬式《そうしき》の供《とも》とより外《ほか》に所作《しょさ》のない穀潰《ごくつぶ》し、こんな品物《しなもの》を此《こ》の日《ひ》の本《もと》の真中《まんなか》に安閑《あんかん》と遊《あそ》ばしておくより、廃物利用《はいぶつりよう》して支那《しな》・朝鮮《ちょうせん》などへ布教《ふきょう》に遣《や》るがよかろう。

同文国《どうぶんこく》であるから、新日本《しんにほん》の先走《さきばし》りにはおもろかろう。五万《まん》の丸頭《まるあたま》を外国《がいこく》へ放《ほう》り出《だ》すだけでも、毎年米《まいとしこめ》が七、八万石《まんごく》は助《たす》かる。中《なか》にも門徒坊主《もんとぼうず》は一万五千丸余《まんせんまるあま》りも其処《そこ》らにごろ〳〵して、今伯爵《いまはくしゃく》（＝明治29年、東本願寺法主大谷光演〈こうえん〉、西本願寺宗主大谷光尊〈こうそん〉に伯爵をさずけられる）になって喜《よろこ》んでござる。

第八

今《いま》の世《よ》は運否《うんぷ》が厳《きび》しい不完全《ふかんぜん》な世《よ》で、人民《じんみん》のちっとも安心《あんしん》することが出来《でき》ぬ悪党《あくとう》な世《よ》でござる。栄耀栄華《えいようえいが》好《す》きすっぽうに暮《くら》して居《お》る者《もの》と、骨《ほね》を砕《くだ》いて汗水垂《あせみずた》らして三度《ど》の飯《めし》が喰《く》い兼《か》ねる者《もの》とが出来《でき》て、一日増《にちま》しに難渋人《なんじゅうびと》が殖《ふ》えるばかり、働《はたら》き度《た》いとて仕《し》事《ごと》もない者《もの》さえある。これではもうこの世《よ》は何時《いつ》までも続《つづ》かんから、世《よ》の立替《たてかえ》がおっつけ始《はじ》まる。

第九

人民《じんみん》を安楽《あんらく》に暮《くら》さして、限《かぎ》りなき楽《たの》しみをさせん為《ため》に、神《かみ》がこの世《よ》をお造《つく》りなされたのでござる。人民《じんみん》は皆神様《みなかみさま》の子《こ》であるから、仲《なか》よくして同《おな》じ様《よう》に揃《そろ》うて楽《たの》しみ暮《くら》すのを、大層《たいそう》お喜《よろこ》び遊《あそ》ばすのでござるから、腕白《わんぱく》な欲《よく》な子《こ》はお憎《にく》みなされて、今度《こんど》は世《よ》の立替《たてかえ》をして、善《ぜん》と悪《あく》とを立別《たてわ》けて、弱《よわ》い者《もの》は助《たす》けて下《くだ》さる結構《けっこう》な松《まつ》の世《よ》が来《く》るのでござる。

この世《よ》の腕白者《わんぱくもの》は、地主《じぬし》と大資本家《だいしほんか》である。これが余《あま》り身勝手《みがって》ばかりをやりさがすので、兄弟喧嘩《きょうだいげんか》が絶《た》えぬのであるが、皆強《みなつよ》い者《もの》が憐《あわ》れみという事《こと》を知《し》らぬからでござる。この頃《ころ》の監獄署《かんごくしょ》の囚人《しゅうじん》は、日本国中《にほんこくじゅう》で7万人余《まんにんあま》りもありて、そのうち七分通《ぶどお》りは、飯《めし》が食《く》えん悲《かな》しさから余儀《よぎ》なく罪人《ざいにん》になっておるので、その者《もの》の心《こころ》を考《かんが》えて見《み》れば、誠《まこと》に気《き》の毒《どく》で、涙《なみだ》をこぼさずには居《お》られぬのでござる。

今《いま》の政事《せいじ》の行《や》り方《かた》は、さっぱり間違《まちが》って居《お》るから、こんな憐《あわ》れな不完全《ふかんぜん》な世《よ》になったのであるから、根本《こんぽん》の土台《どだい》から行《や》り直《なお》さぬことには、安楽《あんらく》な世界《せかい》にはならぬ。今《いま》の財産家《ざいさんか》は、狂人《きょうじん》に刃物《はもの》を持《も》たした様《よう》な者《もの》で、我《わ》れも傷《きず》つき人《ひと》も傷《きず》つけて、遂《つい》には血《ち》の雨《あめ》を降《ふ》らすところまで行《ゆ》かねば止《と》まらぬので、誠《まこと》に危《あぶ》ないものでござる。

第十

「世《よ》は持《も》ち切《き》りにはさせんぞよ」との神《かみ》の御知《おし》らせ。今《いま》の大地主《おおじぬし》や大金持《おおがねもち》も、追々《おいおい》と世《よ》が寂《さみし》くなるに連《つ》れて、世界人民《せかいじんみん》の難儀《なんぎ》を見《み》るのが恐《おそ》ろしくなりて来《き》て、是《これ》までの財産《ざいさん》を世界《せかい》へ返《かえ》しとうなって来《く》る時節《じせつ》が今《いま》に来《く》る。大方《おおかた》の人民《じんみん》が難渋《なんじゅう》になりて行《ゆ》けん様《よう》になりたら、青《あお》い顔《かお》してキリく舞《も》うて心配《しんぱい》するのは、今《いま》の地主《じぬし》と資本家《しほんか》でござる。

第十一

天《てん》の真《まこと》の大神《おほかみ》は、人民《じんみん》を保護《ほご》するために大地《だいち》を造《つく》りて、金神様《こんじんさま》を守護《しゅご》に任《まか》されて、その次《つぎ》に人民《じんみん》の為《ため》に太陽《たいよう》を造《つく》り給《たま》いて、天照大神《あまてらすおほかみ》を守護《しゅご》の神《かみ》と定《さだ》め給《たま》い。その次《つぎ》に太陰《たいいん》という月《つき》を造《つく》り、月読《つきよみ》の尊《みこと》を守護神《しゅごじん》と定《さだ》めて、世界《せかい》の人民《じんみん》を千代《ちよ》も八千代《やちよ》も変《かわ》りなく守《まも》り給《たも》うので、神《かみ》の御業《みわざ》は有難《ありがた》きものぞ。

第十二

日本《にほん》と露国《ろこく》との戦《たたか》いに、日本《にほん》の神力《しんりき》を現《あらわ》して、世界《せかい》を一つに丸《まる》めて松《まつ》の世《よ》にして、天津日嗣《あまつひつぎ》の一つの天子《てんし》で治《おさ》める世《よ》にして、綾部《あやべ》を三千世界《さんぜんせかい》の大本《おほもと》にして、十里《り》四方宮《ほうみや》の内《うち》、福知山《ふくちやま》・舞鶴外囲《まいづるそとがこ》いとして、世界中《せかいじゅう》から参《まい》りて来《く》る様《よう》になるとのお知《し》らせ、恋《こい》しく〳〵と松《まつ》の世《よ》が来《こ》いで、末法《まっぽう》の世《よ》が来《き》て門《かど》に立《た》ちたが、誠《まこと》の松《まつ》の世《よ》が今《いま》に出《で》て来《く》る。

第十四

今《いま》の世《よ》は、先《さき》の見《み》える様《よう》な日本魂《やまとだましい》の人民《じんみん》は出来《でき》て来《こ》んのは、この世《よ》が逆様《さかさま》になりてしもうておるのと、運否《うんぷ》がひどいからでござる。富貴《ふうき》の家《いえ》に生《うま》れた者《もの》は、周囲《ぐるり》から寄《よ》ってかゝって功言追従《じょうずついしょう》で乗《の》し上《あ》げられて、よい事《こと》ばかり言《い》うて貰《もろ》うて心《こころ》が高《たか》くなりて、世界《せかい》の人民《じんみん》の事《こと》にはちっとも気《き》が付《つ》かんので、途中人間《とちゅうにんげん》ばかりより出来《でき》て来《こ》んなり。この途中人間《とちゅうにんげん》が上《うえ》に立《た》ちて、またこの世《よ》を曇《くも》らすなり。又貧者《またひんじゃ》の家《いえ》に生《うま》れた者《もの》は、その日《ひ》が暮《く》れぬ故《ゆえ》に朝《あさ》から晩《ばん》まで働《はたら》かねばならぬ故《ゆえ》、世界《せかい》の事《こと》を考《かんが》える暇《ひま》もなし、その日暮《ひくら》しに暮《く》れて行《ゆ》く次第《しだい》であるから、又国《またくに》の為《ため》になる人民《じんみん》は出来《でき》て来《こ》ず、そんならと云《い》うて中分《ちゅうぶん》の者《もの》は、上《うえ》を見習《みなろ》うて我《わ》れの仕覚《しがく》ばかりして、これも国《くに》の為《ため》になる様《よう》な者《もの》は一人《ひとり》も出来《でき》て来《こ》んので困《こま》る故《ゆえ》に、一日《にち》も早《はや》く大本教《おほもときょう》を拡《ひろ》めて、国《くに》の為《ため》になる誠《まこと》の者《もの》を造《つく》らねばならぬ。

第十五

傲慢無礼《ごうまんぶれい》の露西亜《ロシア》は、日本男子《にっぽんだんし》に無礼《ぶれい》をしておいて、(面《かお》に痰唾《たんつば》を吐《は》きかけておいて、腰抜《こしぬ》けた)、支那《しな》・朝鮮《ちょうせん》を威《おど》して好《す》きすっぽうにしておるが、これでも日本《にほん》が黙《だま》りて見《み》て居《お》らねばならん筈《はず》はなかろう。今《いま》のうちに露国人《ろこくじん》の肝玉《きもたま》を、日本魂《やまとだましい》で打抜《うちぬ》いてやらねば、今《いま》にこの日《ひ》の本《もと》へ取《と》り返《かえ》しのつかん禍《わざわい》を仕向《しむ》けて来《く》るから、うっかりしている場合《ばあい》ではござるまい。

第十九

人民《じんみん》は、神様《かみさま》の直々《じきじき》の結構《けっこう》なみたまを戴《いただ》いておるので、人《ひと》は神《かみ》に次《つ》いでの尊《とうと》きものでござるが、また人民《じんみん》の肉体程《にくたいほど》果敢《はか》ない脆《もろ》きものはござらぬ。露《つゆ》の命《いのち》を繋《つな》いでいる一《ひと》筋《すじ》の細糸《ほそいと》が切《き》れたが最後《さいご》、金銀《きんせん》・財宝《ざいほう》・家倉《いえくら》・妻子《さいし》・兄弟《きょうだい》に離《はな》れ、土《つち》の中《なか》で白骨《はっこつ》になるか焼《や》かれて煙《けむり》に変《へん》ずるか、譬《たと》えの通《とお》り晨《あした》の紅顔《こうがん》夕《ゆう》べの白骨《はっこつ》、誠《まこと》に情《なさ》けなきは人民《じんみん》の行末《ゆくすえ》なれど、肝腎《かんじん》のみたまは、神《かみ》の御側《おそば》で限《かぎ》りなき永《なが》き命《いのち》と楽《たの》しみをうけて、結構《けっこう》な神国《かみくに》に進《すす》む事《こと》の出来《でき》るものであるから、みたまの曇《くも》りを洗《あら》って水晶《すいしょう》にして、後《のち》の楽《たの》しみの種《たね》を蒔《ま》くが肝要《かんよう》でござる。出口《でぐち》の神《かみ》は「お陰《かげ》は心《こころ》にあるから心《こころ》次第《しだい》でどうにでもなる」と教《おし》え給《たも》うのでござるから、改心《かいしん》が何《なに》より結構《けっこう》でござる。

第二十

今《いま》の世《よ》は漢語《かんご》や英語《えいご》を混《ま》ぜて、何事《なにごと》でも小六《こむつ》ケ敷《しく》言《い》いさえすれば豪《えら》い様《よう》に思《おも》うて居《お》るが、それがさっぱり大間違《おおまちが》いでござる。世界中《せかいじゅう》の大勢《おおぜい》の者《もの》に分《わか》る言葉《ことば》でないと間《ま》に合《あ》わぬ。少《すこ》しのものばかりに判《わか》りて、爺婆《じじばば》子供《こども》までに分《わか》らん様《よう》な言葉《ことば》は、やはり訳《わけ》の分《わか》らん野蛮言葉《やばんことば》で、雨蛙《あまがえる》が高《たか》い木《き》にとまって鳴《な》いているのと同《おな》じ事《こと》でござる。

第二十一

この世《よ》を水晶《すいしょう》の世《よ》にして、升掛《ますか》け引《ひ》きなさると、心《こころ》の見苦《みぐる》しき人民《じんみん》は、この日本《にほん》においても貰《もら》えず、根《ね》の国底《くにそこ》の国《くに》へ肉体《にくたい》のままやられて、万劫末代《まんごうまつだい》みたまでも帰《かえ》る事《こと》が出来《でき》ん様《よう》になるから、今《いま》のうち禁欲《きんよく》を放《ほ》かして、心《こころ》を真直《まっすぐ》にして神《かみ》に縋《すが》りて、ちっとでも罪《つみ》を軽《かろ》うしておくが、何《なに》よりの結構《けっこう》でござる。

第二十二

松《まつ》の世《よ》になれば自《おの》ずと人柄《ひとがら》がよくなるから、裁判《さいばん》も警察《けいさつ》も要《い》らぬ様《よう》になって、判事《はんじ》や検事《けんじ》・弁護士《べんごし》・三百代言《さんびゃくだいげん》（＝法律家、弁護士）等《ら》は要《い》らぬ故《ゆえ》、法律《ほうりつ》も必要《ひつよう》が無《な》くなりて来《き》て、世界《せかい》は穏《おだ》やかに喜《よろこ》ぶ者《もの》ばかりになるなれども、今《いま》は世《よ》がひっくりかえりておるので、公事沙汰《くじざた》（＝訴訟事件）ばかりで、法律《ほうりつ》で飯《めし》を喰《く》って居《お》るものは20万人《まんにん》もあろうかという、悪党《あくとう》の世《よ》になって居《お》るのでござる。

（出口王仁三郎竜宮殿の高天の原にしるす）

筆のしづく　第二の巻

第二十三

強《つよ》い者勝《ものか》ちの行《や》り放題《ほうだい》の、暗雲《やみくも》の悪党《あくとう》な世《よ》を立替《たてか》えて、世界《せかい》の苦《くる》しみて居《お》る人民《じんみん》に袴《はかま》を穿《は》かして、上下《うえした》でんぐるがやして、松《まつ》の世《よ》の金神様《こんじんさま》の守護《しゅご》の世《よ》になりて来《く》ると、今《いま》まで我《われ》さえ良《よ》けら構《かま》わんという悪魔《あくま》を改心《かいしん》さして、世界《せかい》が一列《れつ》によくなるについては、一つ峠《とうげ》があるから、この峠《とうげ》を越《こ》すのには、余程罪《よほどつみ》という重荷《おもに》を下《おろ》しておかんと、罪《つみ》がそらふってどんぶりがえして、谷底《たにぞこ》へ落《お》ちんならん様《よう》になるから、今《いま》のうちに改《かい》心《しん》してちっとでも罪科《めぐり》を軽《かる》くしておかねばならぬ。この世《よ》がも一つ悪《わる》くなりて運否《うんぷ》がきびしくなるが、そこでこの世《よ》に出《で》て上《うえ》に立《た》ちて居《お》る守護神《しゅごじん》に改心《かいしん》が出来《でき》て来《き》て、思《おも》うたよりも早《はよ》う埒《らち》がつく。金神様《こんじんさま》の世《よ》は、何事《なにごと》によらず物《もの》が早《はや》く埒《らち》がつく様《よう》になる。

今度《こんど》の立替《たてかえ》は、目《め》に見《み》える財産《ざいさん》の立替《たてかえ》ばかりでなく、目《め》に見《み》えぬ尊《とうと》きみたまの立替《たてかえ》と一度《ど》である。今《いま》の上《うえ》に立《た》ちて居《お》る番頭《ばんとう》なり途中《とちゅう》のハイカラには、皆悪魔《みなあくま》のみたまが守護《しゅご》して居《お》るから、こんな不公平《ふこうへい》な政治《せいじ》が、是《これ》ほど結構《けっこう》な政治《せいじ》はない様《よう》に思《おも》うて、世《せ》界《かい》の人民《じんみん》の難渋《なんじゅう》が分《わか》らんのである。余《あま》り汚《けが》れて神《かみ》のお鎮《しず》まりなさる所《ところ》がなくなりてしもうて、この近辺《きんぺん》では丹後《たんご》の沓島《めしま》と於与岐《およぎ》の弥仙山《みせんざん》より外《ほか》に、神《かみ》のお休《やす》み所《ところ》がないのである。

明治《めいじ》30年《ねん》（＝封建時代から、大政奉還により明治元年となり、30年で世の中が変るという）で神界《しんかい》の切《き》り替《か》えとなりてしもて、是《これ》まで悪神祟《あくがみたた》り神《がみ》と忌《い》み嫌《きら》われて、世《よ》に落《お》されておりなされた艮《うしとら》の鬼門《きもん》の荒神変性男子《あらがみへんじょうなんし》のみたまが現《あらわ》れて、水晶《すいしょう》の黄金世界《おうごんせかい》に立替《たてか》えなさるというて、明治《めいじ》25（1892）年《ねん》からの出口《でぐち》の神《かみ》のたて言葉《ことば》である。

何時《いつ》までもこんな悪党《あくとう》な世界《せかい》が続《つづ》いては堪《たま》らんから、元《もと》の昔《むかし》の生神《いきがみ》が下津岩根《したついわね》（＝蓮の花の様に下津岩根の大地から出来ている蓮華台）の竜宮館《りゅうぐうやかた》に現《あらわ》れなされて、三千年《さんぜんねん》のお仕組《しぐみ》を成就《じょうじゅ》さして、世《せ》界《かい》の万物《ばんぶつ》を高低《たかひく》なしに守《まも》りなさるについて、この汚《けが》れた世界《せかい》の洗濯《せんたく》をなさるから、それまでにみたまの洗濯《せんたく》して、誠《まこと》の人間《にんげん》の行《おこな》いをしておいて、神様《かみさま》の御前《おんまえ》に出《で》た時《とき》、赤《あか》い顔《かお》をせぬ様《よう》にするが一等《とう》である。

第二十五

今《いま》の人民《じんみん》は近欲《ちかよく》に呆《ほう》けて、金《かね》さえあれば万劫末代《まんごうまつだい》その儘《まま》で続《つづ》く様《よう》に思《おも》うて、身欲《みよく》ばかりをして強《つよ》い者勝《ものか》ちで人《ひと》は転《ころ》けよが倒《たお》れよが構《かも》うてやるものはないばかりか、転《ころ》けた上《うえ》を踏《ふ》みにじりて通《とお》る様《よう》な悪心《あくしん》の人民《じんみん》ばかりで、この世《よ》が悪魔《あくま》の世《よ》になりて来《き》たのである。これというも、今迄《いままで》の世《よ》を構《かも》うて居《お》られた神《かみ》の世《よ》の持《も》ち方《かた》が悪《わる》かりたので、悪《わる》の羽張《はば》り放題《ほうだい》の世《よ》になりて、善人《ぜんにん》は頭《あたま》を押《お》さえられるばかりで、難渋《なんじゅう》な家《いえ》に生《う》まれた者《もの》は一代藻《だいも》掻《が》き貧乏《びんぼう》をして、折角《せっかく》この世《よ》に生《う》まれて来《き》ながら、楽《らく》な目《め》なしに一生《いっしょう》を暮《くら》さなならぬ様《よう》な、極悪世界《ごくあくせかい》になりて来《き》たのである。艮《うしとら》の金神様《こんじんさま》が、ア、可哀相《かわいそう》じゃと思召《おぼしめ》して、御艱難御苦労遊《ごかんなんごくろうあそ》ばしての二度目《どめ》の世《よ》の立替《たてかえ》（＝一度目の立替は神話でノアの箱舟、日本では天の岩戸開きの時代。二度目は明治25年の国祖降臨の時代を指す）をなさる尊《とうと》き有難《ありがた》き結構《けっこう》な神様《かみさま》でござるから、何時《いっ》までも悪《わる》はこの世《よ》に蔓《はびこ》らしなさらぬ。

これまでの世《よ》は余《あま》り汚《けが》れておりたので、神様《かみさま》も持《も》て余《あま》しなされて、誠《まこと》の神《かみ》は残《のこ》らず天《てん》へお上《あが》がり遊《あそ》ばして、この世《よ》をお構《かま》い遊《あそ》ばさぬ故《ゆえ》に、怖《こわ》い者《もの》なしになりて、悪神《あくかみ》ばかりの守護《しゅご》になりて、強《つよ》い者勝《ものか》ちの逆《さか》どんぶりの世《よ》になりてしもうたのである故《ゆえ》に、人民《じんみん》の精神《せいしん》がさっぱり畜類同然《けだものどうぜん》に堕落《だらく》してしもうて、人《ひと》の憂《うれい》を持《も》つ様《よう》な悪人《あくにん》ばかりになり、我《われ》さえ良《よ》けりゃ人《ひと》は構《かま》わぬ、むごたらしき世《よ》の腐《くさ》り様《よう》、もうこの上《うえ》は持《も》ちもおろしもならぬ様《よう》になりて、共潰《ともつぶ》れになろうより仕様《しよう》がなくなりて、世界《せかい》の人民《じんみん》の相《そう》が変《かわ》る事《こと》が出来《でき》て来《く》る。

今《いま》の人民《じんみん》は、上《うえ》から見《み》ると立派《りっぱ》な様《よう》なが、腹《はら》の中《なか》には虫《むし》が湧《わ》いて、その腐《くさ》りた腸《はらわた》が見《み》え透《す》いて鼻持《はなもち》がならぬ様《よう》になりておるのを、上面《うわつら》さえ飾《かざ》りたらよいと思《おも》うて、口《くち》先《さき》ばかり発達《はったつ》して、どんな豪相《えらそう》なことでも綺麗《きれい》な事《こと》でも云《い》う癖《くせ》に、心《こころ》はすっくり口《くち》と反対《あべこべ》である。この頃《ころ》の人民《じんみん》の舌《した》は能《よ》うまわるが、神界《しんかい》から見《み》ると、面《つら》の皮《かわ》と一緒《いっしょ》に千《せん》枚張《まいば》りになっておるそうな。その舌《した》を振《ふ》り舞《ま》わして世界《せかい》へ毒《どく》を吹《ふ》いて、この世《よ》の中《なか》を嘘八百《うそはっぴゃく》でつくねて真暗《まっくら》がりにしてしもうて、人《ひと》を苦《くる》しめて、我《わ》れがよい子《こ》になりて化《ば》けておりたなれど、今度《こんど》はこの世《よ》の閻魔《えんま》が現《あらわ》れて、その舌《した》の根《ね》から引《ひ》き抜《ぬ》いてしまわれる時節《じせつ》が出《で》て来《く》るから、もうこれからは嘘《うそ》や弁口《べんこう》では直《す》ぐに化《ば》けが露《あら》われて、腸《はらわた》が見《み》え透《す》いて、直《す》ぐに尻《しり》が割《わ》れて、向方《むこう》を向《む》いて辱《はず》かして歩《ある》けん様《よう》になるから、今度《こんど》の立替《たてかえ》が始《はじ》まりたら、大分《だいぶ》思《おも》いが違《ちが》う化物《ばけもの》や獣類《けものるい》が多数《たっぴつ》出来《でき》て来《く》るが、これも天《てん》からの時節《じせつ》が来《く》るのであるから、神《かみ》に縋《すが》るより仕様《しよう》はない。

第二十八

昔《むかし》の神代《かみよ》は、人民《じんみん》の血類《ちるい》が集《あつ》まりて互《たが》いに助《たす》け合《あ》いをして、一村々《いっそんいっそん》で一つの世帯《せたい》で、何《なに》も彼《か》も一人《ひとり》の物《もの》というてはなく、世界総持《せかいそうも》ちであったので、着類《きるい》や食物《しょくもつ》に不自《ふじ》由《ゆう》はなかったので、皆《みな》が勇《いさ》んで、この世程結構《よほどけっこう》なとこはないと云《い》うて喜《よろこ》んだのである。

今《いま》の世《よ》はさっぱり逆様《さかさま》で、着類食物《きるいしょくもつ》は昔《むかし》より沢山出来《たくさんでき》て、皆金持《みなかねも》ち、地主《じぬし》の倉《くら》の中《なか》で虫《むし》に喰《く》われて、肝心《かんじん》の拵《こしら》えた人民《じんみん》は、裸体《はだか》で寒《さむ》の中《なか》に凍《こご》えたり餓《かつ》えたりするものが、一日増《にちま》しに殖《ふ》えて来《く》るばかりである。これというも、この世《よ》の守護神《しゅごじん》が悪魔《あくがみ》ばかりであるから、この世《よ》を構《かま》う肉体《にくたい》の人民《じんみん》が、皆《みな》その悪魔《あくま》と同《おな》じみたまであるから、上下運《うえしたうん》否《ぷ》を拵《こしら》えてこんな結構《けっこう》な世《よ》はないと申《もう》して居《お》るなれど、下《した》の人民《じんみん》は一日増《にちま》しに生活《くらし》が悪《わる》くなるばかり、目《め》を開《あ》けて心《こころ》ある者《もの》はじっとして見《み》ておれん。

第三十三

今《いま》の婚礼《こんれい》は、譬《たと》えて云《い》えば、恰度狐《ちょうどきつね》の嫁入《よめい》りの如《ごと》くで、照《て》るかと思《おも》えば直《す》ぐに雨《あめ》が降《ふ》る如《ごと》く、人間《にんげん》と人間《にんげん》との婚礼《こんれい》でなくて、金《かね》と金《かね》との婚礼《こんれい》であるから、向方《むこう》の心《こころ》が悪《わる》かろが、娘《むすめ》の身持《みも》ちが何《ど》うであろうが、そんな事《こと》には頓着《とんちゃく》せず、金《かね》さえあればその時《とき》よかれで、婿《むこ》や嫁《よめ》の取《と》りやりをするが、詰《つま》り欲同士《よくどうし》の縁組《えんぐみ》であるから、一方《ひとかた》の身代《しんだい》が少《すこ》し左前《ひだりまえ》になると、そろそろ親《おや》の方《ほう》から仲《なか》のよいものを無理《むり》に引《ひ》き分《わ》けて、子《こ》が出来《でき》て居《お》りても構《かま》わずに取《と》り戻《もど》し、又他《またほか》へ片付《かたづ》けるという、義理《ぎり》も人情《にんじょう》もない鬼同様《おにどうよう》の世《よ》の中《なか》である。親《おや》から女《おんな》の慎《つつし》むべき操《みさお》を破《やぶ》らして、吾子《わがこ》に罪《つみ》を造《つく》らす極悪非道《ごくあくひどう》の親《おや》ばかりで、子《こ》に甘茶《あまちゃ》を飲《の》まそうと思《おも》って、却《かえ》りて毒《どく》を飲《の》まして居《お》るのである。欲《よく》と云《い》う強《つよ》き悪魔《あくま》に化《ばか》かされて彼方此方《あちらこちら》へ踏《ふ》み迷《まよ》い、一生尻《いっしょうしり》の温《ぬく》まる間《ひま》なしに六日《か》の菖蒲《あやめ》（＝五月五日の節句に遅れたアヤメは役に立たないことから、時期に遅れては役立たないこと）にしてしまう、馬鹿《ばか》な親《おや》が沢山《たくさん》ある。

夫婦《ふうふ》の仲《なか》というものはまた格別《かくべつ》なもので、親《おや》でも兄弟《きょうだい》でも測《はか》り知《し》れぬ情合《じょうあい》（＝人情のぐあい。互いの情意が一致すること）のあるものを、それを構《かま》わずに欲《よく》に呆《ほう》けて無理《むり》にひきほじいたり、親子《おやこ》の情合《じょうあい》の深《ふか》いことを知《し》りながらも、子《こ》のある仲《なか》を引《ひ》き分《わ》けて涙《なみだ》ながらの生《い》き別《わか》れをさして、今《いま》ちと羽振《はぶ》りがよさそうな方《ほう》へ二度《ど》の輿入《こしい》れをさすという、無法《むほう》な惨酷《ざんこく》な悪《あく》魔《ま》の強欲《ごうよく》の行《や》り方《かた》で、金《かね》のある方《ほう》へ何時《いつ》でも親《おや》が勧《すす》めて尻《しり》をふらすのである。これが狐《きつね》の嫁入《よめい》りというて、照《て》り降《ふ》りの空《そら》の浮雲《うきぐも》の如《ごと》く行方《ゆくえ》定《さだ》めぬ、狐《きつね》の七化《ななばけ》狸《たぬき》の八化《やばけ》というものである。天《あめ》の下四方《したよも》の国《くに》は、誠《まこと》を覚《さと》りて誠《まこと》に子《こ》を愛《あい》する親《おや》は、薬《くすり》にしたいと云《い》うて探《さが》してもない、薄情《はくじょう》な悪魔《あくま》ばかりの住《すま》い所《どころ》である。

第三十四

今《いま》の男子《だんし》は女《おんな》を丸切《まるつき》り玩具《おもちゃ》の様《よう》に思《おも》うて、女房《にょうぼ》のある上《うえ》に妾《めかけ》を囲《かこ》うたり、芸子《げいこ》や小山《おやま》（＝遊女）の白鬼《はっき》に呆《ほう》けて色道《しきどう》の餓鬼《がき》になりて、人情《にんじょう》も慈愛《じあい》も知《し》らぬ畜生《ちくしょう》の所作《しょさ》ばかりで、辱《は》ずかしそうな顔《かお》もせずに、泥鰌《どじょう》や鯰《なまず》の様《よう》に髭《ひげ》を生《は》やして澄《す》まして居《お》る化《ばけ》物人足《ものにんそく》。又子《またこ》が出来《でき》てからでも何《なん》とも思《おも》わず、嫌《きら》いになったというては去《さ》り、又後《またあと》へ女《おんな》を入《い》れて可愛《かわい》い子《こ》を継母《ままはは》にかけたり、又《また》その後妻《ごさい》が子《こ》を産《う》む様《よう》になると、そろそろ鼻《はな》についたというては去《い》なして、その子《こ》を又後《またあと》の継母《ままはは》にかけ、腹《はら》が籍《か》りもんじゃというては、何《なん》べんでも不人情《ふにんじょう》に放《ほう》り出《だ》して我儘《わがまま》の行《や》り放題《ほうだい》。又妾《まためかけ》の三人《にん》も五人《にん》も抱《かか》えて互《たが》いに罪《つみ》をつくらして、腹変《はらかわ》りの子供《こども》ばかり拵《こしら》えて、末《すえ》の悶着《もんちゃく》の種《たね》を播《ま》いて、夢現《ゆめうつつ》に暮《くら》して薩張《さっぱ》り呆《ほう》けてしもうて、一廉我《ひとかどわれ》は甲斐性《かいしょう》ものの様《よう》に思《おも》うて、鼻《はな》ばかり高《たこ》うして末《すえ》が恐《おそ》ろしいということが気《き》の付《つ》かぬ、憐《あわ》れな色欲《しきよく》の餓鬼《がき》の世《よ》の中《なか》で、女《おんな》にかけたら目《め》も鼻《はな》もない片輪人足《かたわにんそく》がこの世《よ》の中《なか》の守護神《しゅごじん》とは、飛《と》んだ世《よ》の中《なか》になったものである。

また女《おんな》も女《おんな》で、かしづいてから子供《こども》の二、三人《にん》も出来《でき》てからでも間男《まおとこ》を拵《こしら》え、不倫《ふりん》にも良人《りょうにん》や子供《こども》を捨《す》てて、間男《まおとこ》と手《て》に手《て》をとって遠国《えんごく》へ駆落《かけお》ちしたり、又間男《またまおとこ》の廉《かど》で良人《りょうにん》に離縁《りえん》されたが最後《さいご》、天下晴《てんかは》れたと云《い》わんばかりに大《おお》きな顔《かお》して、その間男《まおとこ》に引《ひっ》ついたり、誠《まこと》に見苦《みぐる》しき事《こと》に乱《みだ》れてしもうたのである。この日本《にほん》の国《くに》は、昔《むかし》の神代《かみよ》に伊邪那岐《いざなぎ》・伊邪那美《いざなみ》の命《みこと》が天《あま》の浮橋《うきはし》に立《た》ち給《たま》いて、鶺鴒《せきれい》の睦《むつ》まじき（＝セキレイの鳥がイザナギ・イザナミに男女交合の道を教えたという故事が『日本書紀』にある）に感《かん》じ給《たま》いて、男《おとこ》は天《あま》の御柱《みはしら》、女《おんな》は国《くに》の御柱《みはしら》とみたて給《たま》いて、「一人《ひとり》の男《おとこ》に一人《ひとり》の女《おんな》」ということを「天《てん》の規則《きそく》」にお定《さだ》めなされて、「母《はは》と子《こ》と犯《おか》せる罪《つみ》、子《こ》と母《はは》と犯《おか》せる罪《つみ》、畜類犯《けものおか》せる罪《つみ》」を戒《いまし》めなされて、日本《にほん》の厳《きび》しい掟《おきて》となされたのである。その神国《しんこく》の掟《おきて》、天《てん》の規則《きそく》を背《そむ》いて、畜生《ちくしょう》の真似《まね》をして居《い》て、日本《にほん》の人民《じんみん》とは云《い》われまい。

小鳥《ことり》でさえも、一つの雄《おす》に一つの雌《めす》より外《ほか》に相手《あいて》を求《もと》めぬのに、人《ひと》として鳥《とり》にも劣《おと》るとは実《じつ》に情《なさ》けなき次第《しだい》であるが、今度《こんど》は勿体《もったい》なくも艮《うしとら》の金神変性男子《こんじんへんじょうなんし》が現《あらわ》れて、水晶《すいしょう》の松《まつ》の世《よ》になるから、見苦《みぐる》しき人民《じんみん》は畜生道《ちくしょうどう》へ落《お》とされて、根《ね》の国底《くにそこ》の国《くに》なる外国《がいこく》へ追《お》い退《や》られて、万劫末代高天原《まんごうまつだいたかあまはら》へ上《あが》ることは出来《でき》んから、今《いま》のうちに早《はや》く改心《かいしん》をして日本《にほん》の行《おこない》をするが結構《けっこう》、改心《かいしん》さえ出来《でき》たら、心《こころ》の悪魔《あくま》は直《す》ぐに消《き》える。

第三十五

「坂《さか》は照《て》る照《て》る鈴鹿《すずか》は曇《くも》る、あいの土山雨《つちやまあめ》が降《ふ》る。」この世《よ》は運不運《うんふうん》のある見苦《みぐる》しい社会《しゃかい》で、一方《いっぽう》のものは金《かね》の利息《りそく》で衣食《いしょく》し、田地の上り物で安楽に衣食し、株式《かぶしき》で衣食《いしょく》し、家賃《やちん》で衣食《いしょく》し、租税《そぜい》で衣食《いしょく》して栄耀栄華《えいようえいが》の行《や》り放題《ほうだい》、世間構《せけんかま》わずに天下泰平《てんかたいへい》を謳《うと》うて、こんな結構《けっこう》な文明《ぶんめい》の世《よ》はないと云《い》うておるなり。又一方《またいっぽう》の貧者《ひんじゃ》は、暗《くら》がりから暗《くら》がりまで汗脂《あせあぶら》を絞《しぼ》りて僅《わず》かに露命《ろめい》（＝露のようにはかない命）を繋《つな》いで居《お》る有様《ありさま》。その貧者《ひんじゃ》の宅《たく》に生《うま》れた沢山《たくさん》の子供《こども》の憐《あわ》れさ。

七つ八つの時分《じぶん》から、身体《からだ》も発達《はったつ》せぬうちより、飯《めし》のために教育《きょういく》を受《う》ける事《こと》が出来《でき》ず、働《はたら》いて働《はたら》いて働《はたら》きぬいて、年《とし》が寄《よ》りて身体《からだ》が衰《おとろ》え足《あし》がよぼよぼになりて病死《びょうし》するまで、齷齪《あくせく》として牛馬《ぎゅうば》の如《ごと》く人《ひと》の下《した》に使《つか》われ、転々《てんてん》と今日《きょう》一日安心《にちあんしん》ということなしに、蟻《あり》か蜂《はち》の如《よ》うに艱難辛苦《かんなんしんく》して、倹約《けんやく》はこの上《うえ》もなく、殆《ほとん》ど牛馬《ぎゅうば》に近《ちか》き物《もの》を喰《く》うて骨《ほね》と皮《かわ》ばかりに瘠疲《やせつか》れて、その日《ひ》を一日送《にちおく》りに送《おく》りて、まあ今日《きょう》は一日暮《にちく》れたというて、何《なん》の楽《たの》しみもなく、可愛《かわい》い子供《こども》に下駄一足《げたいっそく》能《よ》う買《こ》うてもやられず、盆《ぼん》が来《き》ても正月《しょうがつ》が来《き》ても常《つね》なりの風《ふう》をさして、親《おや》は心《こころ》で泣《な》き以《も》てお目出度《めでと》うの挨拶《あいさつ》しておる憐《あわ》れさ。

その人民《じんみん》を捕《と》えて、税金《ぜいきん》を滞納《たいのう》したというては手数料《てすうりょう》を取《と》り、揚句《あげく》の果《は》ては、僅《わず》かの汗《あせ》や涙《なみだ》で拵《こしら》えた道具類《どうぐるい》まで公売処分《こうばいしょぶん》にあわされて、難儀《なんぎ》な上《うえ》にも難儀《なんぎ》になりて泣《な》いて居《お》る者《もの》は、毎年幾万人《まいとしいくまんにん》殖《ふ》えるとも知《し》れん有様《ありさま》。区役所《くやくしょ》や町村役場《ちょうそんやくば》の掲示場《けいじば》は、未納《みのう》処分《しょぶん》の貼紙《はりがみ》で堆《うずたか》くなりておるばかり。これを見《み》て居《い》て救《すく》う手《て》だてをしようという地《じ》主《ぬし》、資本家《しほんか》は一人《ひとり》もないが、よくも是《これ》だけ無慈悲《むじひ》になれたものである。その癖《くせ》、何《なに》も彼《か》も皆下《みなした》の難儀《なんぎ》な人《ひと》が働《はたら》いて出来《でき》たにも拘《かかわ》らず、箕売笠《みうりがさ》でひる（＝商売用の箕を使わないで自分は笠で代用する。他人のために働いて、自分の事には手がまわらない）で、米《こめ》も着類《きるい》もなし、泣《な》きの涙《なみだ》で暮《くら》すのを高見《たかみ》から見物《けんぶつ》して、懐手《ふところで》して寝《ね》て遊《あそ》んで着類《きるい》、食物《しょくもつ》は好《す》きすっぽう、栄耀《えいよう》に余《あま》りて酒《さけ》と女《おんな》と博奕《ばくち》に耽《ふけ》りて、この世《よ》に怖《こわ》いものなしに冥加《みょうが》ということも知《し》らず、下《した》を侮《あなど》りて牛馬《ぎゅうば》の扱《あつか》いをする。それでも下《した》のものは一向頓着《いっこうとんちゃく》せず、坂《さか》に痩馬《やせうま》曳《ひ》く如《ごと》く、ハイハイヘイ〳〵と遠慮《えんりょ》して、不足《ふそく》も言《い》わずに、彼《か》の人《ひと》は財産家《ざいさんか》であるからそれ丈《だけ》の徳《とく》をもって来《き》ておるのであるから従《したが》わねばならんなぞと、無理《むり》に諦《あきら》めておるその憐《あわ》れさ。

○

人《ひと》がこの世《よ》へ生《う》まれ来《く》るのは、必《かなら》ず着類《きるい》なり食《く》う物《もの》をそれ相当《そうとう》に貰《もろ》うて、心《こころ》を真直《まっす》ぐにして、安心《あんしん》を得《え》てこの世《よ》を送《おく》るのを、限《かぎ》りなき楽《たの》しみとなすものであるのに、一《いっ》生涯鼻《しょうがいはな》の下《した》の世話《せわ》するために苦《くる》しみ悶《もだ》えんならぬ様《よう》な事《こと》では、如何《いか》に立派《りっぱ》な宗教《しゅうきょう》の自由《じゆう》の世《よ》でも、その名《な》ばかりで、自由《じゆう》に信仰《しんこう》する折《おり》がない。政治《せいじ》の自由《じゆう》の世《よ》でも、財《ざい》産《さん》のないものは一口《くち》も政治《せいじ》に口入《くちい》れは出来《でき》ず、圧制《あっせい》に会《お》うても泣寝入《なきねい》り、汽車《きしゃ》、汽船《きせん》、電車《でんしゃ》は出来《でき》ても、貧者《ひんじゃ》の為《ため》には仕事《しごと》がなくなるばかりで、乗《の》るということは出来《でき》ず、学校《がっこう》は沢山《たくさん》ありても貧者《ひんじゃ》はなきも同然《どうぜん》、世《よ》は段々《だんだん》と曇《くも》るばかり。医者《いしゃ》はありても貧者《ひんじゃ》の手《て》を握《にぎ》る医者《いしゃ》はなし、法律《ほうりつ》はよく人《ひと》を責《せ》め付《つ》けるが、貧者《ひんじゃ》を、否世界《いなせかい》の大勢《おおぜい》のものを楽《たの》しませる道具《どうぐ》ではない。陸軍《りくぐん》や海軍《かいぐん》はよく人殺《ひとごろ》しを稽古《けいこ》して、世界《せかい》の人民《じんみん》を屠《ほう》り殺《ころ》すと雖《いえど》も、人《ひと》を安楽《あんらく》に生《い》かす道具《どうぐ》にはならん。この世《よ》に運否《うんぷ》があるので、今《いま》の上《うえ》に立《た》ちておる人民《じんみん》は、刃物《はもの》持《も》たずの人殺《ひとごろ》しである。

ア丶、この世《よ》の泥《どろ》をすすいで水晶《すいしょう》にして、世界《せかい》一列《れつ》、花咲《はなさ》く様《よう》にするものは誰《だれ》であろう。宗教《しゅうきょう》か、教育《きょういく》か、法律《ほうりつ》か、軍備《ぐんび》か、否々《いないな》とてもとても、陸海軍《りくかいぐん》でも何《な》んでもいかぬ。昔《むかし》の元《もと》のこの世《よ》を拵《こしら》えた真《まこと》の生神《いきがみ》の力《ちから》でなければならぬ。今度《こんど》の二度目《どめ》の世《よ》の立替《たてかえ》は、忝《かたじけな》くも三千年《さんぜんねん》の昔《むかし》、艮《うしとら》へ八百万《やおよろず》の神《かみ》に押込《おしこ》められ給《たも》うた艮《うしとら》の鬼門《きもん》の金《こん》神変性男子《じんへんじょうなんし》のみたまが、稚姫君命《わかひめぎみのみこと》出口《でぐち》の神《かみ》と綾部《あやべ》の竜宮館《りゅうぐうやかた》に現《あらわ》れ給《たま》いて、坤《ひつじさる》の金《こん》神変性女子《じんへんじょうにょし》のみたまが出口《でぐち》の王仁三郎《おにさぶろう》と現《あらわ》れて、大地《だいち》の金神《こんじん》を金勝要《きんかつかね》の神《かみ》と現《あらわ》して、竜宮《りゅうぐう》の乙姫《おとひめ》さんを日《ひ》の出《で》の神《かみ》に守護《しゅご》させて、四魂揃《しこんそろ》うて、天《てん》から三千世界《さんぜんせかい》の立替《たてかえ》をなさるのであるから、今《いま》まで上《うえ》のものに守護《しゅご》して、欲《よく》ばかりを考《かんが》えて、何時《いつ》までもこの儘《まま》でいけると思《おも》うておりた守護神《しゅごじん》も肉体《にくたい》も、大分今度《だいぶこんど》は慮見違《りょうけんちが》うことが出来《でき》るなれど、この世《よ》は天地《てんち》のものであるから、何時《いつ》までも人民《じんみん》の持切《もちき》りにはならぬから、今度《こんど》はじりじり悶《もだ》えをする人《ひと》が沢山《たくさん》出来《でき》て来《く》る。

(出口王仁三郎、33歳、明治《めいじ》36年7月28日、竜宮館《りゅうぐうやかた》の高天原《たかあまはら》に坤《ひつじさる》の金神変性女子《こんじんへんじょうにょし》と現《あらわ》れて、速佐須良姫《はやさすらひめ》のみたまを藉《か》りてしるす)

◆坂は照る照る鈴鹿は曇る、あいの土山雨が降る　鈴鹿峠の馬子《まご》の唄である。この世の運不運の社会で「照る」とは栄えること、「雨が降る」とは衰える、さびれることとの説明が縷々《るる》されているが、他にも意味がある。

この唄とは違って鈴鹿山の歌に西行法師《さいぎょうほうし》(本名・佐藤義清《のりきよ》、知友《ちゆう》の死に会い無常

を感じて23歳で出家、仏門に帰依《きえ》し法名《ほうみょう》を円位《えんい》、西行は号）鈴鹿山を越えんとする歌に「鈴鹿山浮世を余所《よそ》に振り捨てて、如何《いか》になり行く我身なるらむ」など『新古今和歌集』に西行の歌が94首選歌されている。彼生死の道を脱せんと出家し、行雲流水《こううんりゅうすい》に托す者が将来を「如何《いか》になり行く」と詠むなど、本当の悟りの境地になっていないようだ。

西行は平安末期から鎌倉時代初期、鳥羽上皇に仕える北面の武士、臣下として皇室を守護する重責にあり、その職業への試験は難関で、これを突破した秀才であった。しかし京の都は疫病飢饉《ききん》餓死に見舞われ盗賊が横行する時代に武士を捨て、仏門に帰依《きえ》し草庵《そうあん》を結び行脚《あんぎゃ》で感懐《かんかい》を歌に託した。都の窮状を余所《よそ》に日本魂《やまとだましい》の武士としての使命を果さずそれでよいのか、と問うのである。

第四十

五十の坂《さか》を越《こ》えた後家《ごけ》さんが、孫《まご》の顔《かお》を見《み》る様《よう》になりておりても、まだ煩悩《ぼんのう》の夢《ゆめ》が醒《さ》めぬと見《み》え、頭《あたま》に油《あぶら》をピカピカと塗《ぬ》り、顔《かお》は化物《ばけもの》の様《よう》に白《しろ》い物《もの》をべたべた塗《ぬ》って皺《しわ》を埋《う》めたり、無理《むり》に身分《なり》をゆすって若《わか》やいで、我《わ》が子《こ》の様《よう》な男《おとこ》を色《いろ》に持《も》ったり、娘《むすめ》の養子婿《ようしむこ》に喰付《くいつ》いたり、肝腎《かんじん》の娘《むすめ》は山《やま》ん婆《ば》の様《よう》な身分《なり》をさして浮《う》いて居《い》ると呆《ぼ》け婆《ばあ》が、数《かぞ》え尽《つく》せぬ程《ほど》出来《でき》て居《お》る。こんな見苦《みぐる》しい腐《くさ》り根性《こんじょう》の後家《ごけ》は、先《さき》だちた良人《りょうにん》には不貞《ふてい》の罪《つみ》を造《つく》り、兄弟《きょうだい》・我子《わがこ》は愚《おろ》か家《いえ》の顔《かお》にまで泥《どろ》を塗《ぬ》り、世間《せけん》の笑《わら》い草《ぐさ》におうてもまだ気《き》が付《つ》かず、黙《だま》り兼《か》ねて息子《むすこ》がやんわり意見《いけん》を出《だ》しかけると、さあ大変《たいへん》、親顔《おやがお》してその処《とこ》らへ当《あた》りさがし、泣《な》いたり、拗《す》ねるたり、喚《わめ》いたり、誠《まこと》に話《はなし》にも論《ろん》にもかからぬ始末《しまつ》。義理《ぎり》も、人情《にんじょう》も、外聞《がいぶん》も構《かま》わず、天《てん》の畏《おそ》れるべきことも知《し》らず、後前構《あとさきかま》わずの我《わ》れ良《よ》かれの人足位困《にんそくくらいこま》ったものはない。腹《はら》のどん底《ぞこ》から間違《まちが》っておるから、何程神《なにほどかみ》様《さま》に戒《いまし》められても気《き》が付《つ》かぬ。神様《かみさま》は身内《みうち》、他人《たにん》の隔《へだ》てがない故《ゆえ》、何程親《なにほどおや》でも、親族《しんぞく》でも、兄弟《きょうだい》でも、吾《わ》が子《こ》でも、見殺《みごろ》しにするより仕様《しよう》がないのでござる。

今度《こんど》の二度目《どめ》の立替《たてかえ》には、どんな者《もの》でも目《め》が覚《さ》めるなれど、そこになってから目《め》が覚《さ》めて改心《かいしん》しても、後《あと》の祭《まつり》で間《ま》に合《あ》わぬ。誠《まこと》に気《き》の毒《どく》なものでござるが、こんな人民《じんみん》は何処《どこ》にも沢山《たくさん》なもので、筆《ふで》で書《か》くも汚《けが》れる。口《くち》で言《い》うのも気分《きぶん》が悪《わる》いばかり。神《かみ》の咎《とが》めの程《ほど》が恐《おそ》ろしい。「母《はは》と子《こ》と犯《おか》せる罪《つみ》」は、「国津罪《くにつつみ》」とて恐《おそ》ろしい天地《てんち》の大罪《だいざい》であるから、心《こころ》に当《あた》る人《ひと》は早《はや》く改心《かいしん》して、是《これ》までの重《おも》い罪《つみ》を軽《かる》くする様《よう》に行《おこな》いを変《か》えるが一等《とう》でござる。

第四十一

日本臣民《にほんしんみん》四千《せん》五百万人《ひゃくまんにん》の中《なか》で、天《てん》の賊《ぞく》が五万人以上《まんにんいじょう》ある。この賊《ぞく》は賊《ぞく》の中《なか》でも大賊《だいぞく》で、五円以上《えんいじょう》の所得税《しょとくぜい》を冥加銭《みょうがせん》に上《かみ》へ納《おさ》めて、髭《ひげ》を延《の》ばして鼠《ねずみ》の様《よう》に天井《てんじょう》の方《ほう》へ上《のぼ》りて、紳士《しんし》とかゼントルメンとか豪相《えらそう》に言《い》うて、下《した》の人民《じんみん》の作《つく》り上《あ》げたものを横領《おうりょう》して、頭《あたま》からばりをかけて、貧民《ひんみん》の汗《あせ》と涙《なみだ》を湯水《ゆみず》の様《よう》に使《つこ》うて、好《す》きすっぽうにして暮《くら》す天賊《てんぞく》、国賊《こくぞく》で、こういう賊《ぞく》が、今《いま》の世《よ》の中《なか》では、立派《りっぱ》な豪《えら》いお方《かた》と云《い》われるのであるから堪《たま》らん。

金《かね》さえあれば、腹《はら》に虫《むし》が湧《わ》いておろうが、上面《うわつら》さえ立派《りっぱ》であれば、紳士《しんし》、上等人間《じょうとうにんげん》と奉《まつ》られるし、金《かね》の無《な》い貧窮人《ひんきゅうにん》はどんな立派《りっぱ》な人《ひと》でも、誠《まこと》の人《ひと》でも、世《よ》の中《なか》に顔出《かおだ》しをささんという暗黒《くらがり》の世《よ》で、さっぱりこの世《よ》の持《も》ち方《かた》と治《おさ》め方《かた》が間違《まちご》うておるので、強《つよ》い者勝《ものか》ちの不公平極《ふこうへいきわ》まる悪党世界《あくとうせかい》で、もう一寸《ちょっと》も先《さき》へ行《ゆ》けん様《よう》になっておるのに、まだまだ続《つづ》く様《よう》に思《おも》うて、下《した》のものを虫族《むしけら》の様《よう》に思《おも》うて、碌《ろく》にものも言《い》わん人民《じんみん》ばかり。こんな悪人《あくにん》ばかりの国《くに》を、日本《にほん》は神国《かみくに》でござる、神国《かみくに》でござると、世界《せかい》へ大風呂《おおぶろ》敷《しき》を拡《ひろ》げて見《み》せることが出来《でき》るであろうか。優勝劣敗《ゆうしょうれっぱい》のこの日本《にほん》を、どうして、どうして、どうして。

第四十二

華族《かぞく》は皇室《こうしつ》の藩屏《はんぺい》というて、豪《えら》い権式《けんしき》で気楽《きらく》に遊《あそ》んで暮《くら》しておるが、こんなものが、何《なに》がまさかの時《とき》の間《ま》に合《あ》うものか。苦労難儀《くろうなんぎ》という事《こと》を知《し》らず、身体《からだ》を倦《う》まして懶《なま》けて、魂《たま》を腐《くさ》らして、国《くに》の毒《どく》になっても益《えき》にはならんものばかりを、人民《じんみん》の風上《かざかみ》に据《す》えておくから、この世《よ》が隅《すみ》々まで乱《みだ》れて来《く》るのでござる。これも日本《にほん》の厄介《やっかい》な穀潰《ごくつぶ》し。

第四十三

日本《にほん》の人民《じんみん》は、皆皇室《みなこうしつ》の藩屏《はんぺい》である筈《はず》であるのに、少《すこ》しばかりの華族《かぞく》だけが皇室《こうしつ》の藩屏《はんぺい》とは、我々《われわれ》四千《せん》五百万《ひゃくまん》の頭数《あたまかず》に這入《はい》りておる人民《じんみん》は、ちと合点《がてん》の行《ゆ》かぬ話《はなし》でござらぬか。万世一系《ばんせいいっけい》の人民《じんみん》に、高《たか》い低《ひく》いの隔《へだ》てがあるのが分《わか》らぬではないか。華族《かぞく》ばかりで、万世一系《ばんせいいっけい》の国体《こくたい》が続《つづ》いて行《ゆ》けば結構《けっこう》であるけれど。

第四十四

同《おな》じ日本《にほん》の人民《じんみん》でありながら、地租《ちそ》を納《おさ》めるものは日本《にほん》の公民《こうみん》で、納《おさ》める事《こと》の出来《でき》ぬ人民《じんみん》は蔭人同然《かげびとどうぜん》にして扱《あつか》うが、これも逆様《さかさま》の強《つよ》い者勝《ものか》ちの行《や》り方《かた》である。平民《へいみん》の世《よ》の中《なか》に、財産《ざいさん》の有《あ》る無《な》いで人《ひと》に位《くらい》をつけるとは、実《じつ》に失敬極《しっけいきわ》まる。丸切《まるつき》り人《ひと》を道具《どうぐ》の様《よう》に思《おも》うておるので、我《わ》れと我手《わがて》に位《くらい》を落《お》とすのでござる。

今度《こんど》は、艮《うしとら》の金神変性男子《こんじんへんじょうなんし》のみたまが現《あらわ》れて、世界《せかい》に仕組《しぐみ》して置《お》かれた事《こと》が、一度《ど》に開《あ》けて来《き》て、さっぱり上下《うえした》へでんぐり返《かえ》して、今《いま》まで羽張《はば》りた人民《じんみん》は外国下《がいこくくだ》りにしてしもうて、是《これ》まで世《よ》に落《お》ちておりた神人民《かみじんみん》の敵討《かたきうち》をして、世界中隅々《せかいじゅうすみずみ》まで松《まつ》の世《よ》になるから、一日《にち》も早《はや》く艮《うしとら》の金神《こんじん》出口《でぐち》の神《かみ》の誠《まこと》の教《おしえ》に縋《すが》るが結構《けっこう》でござる。

第四十七

日々誠《ひびまこと》の教《おしえ》を聞《き》いて誠《まこと》の行《おこな》いをして、人《ひと》に誠《まこと》の教《おしえ》を諭《さと》す取次《とりつぎ》の中《なか》にも化物《ばけもの》があるので、外《そと》へ誠《まこと》の教《おしえ》が出来《でき》ぬ。大事《だいじ》の道具《どうぐ》を損《そこ》ねたり、割《わ》ったり、失《うしの》うたりしても、皆《みな》知《し》らぬ顔《かお》して、損《そこ》ねた主《ぬし》が出《で》んのが不思議《ふしぎ》。私《わたし》が怪我《けが》に不調法致《ぶちょうほういた》しましたと、すなおに断《ことわ》り云《い》うものは一人《ひとり》も現《あらわ》れぬ。然《しか》し、何時《いつ》も不調法《ぶちょうほう》する者《もの》はきまりておるが、心丈《こころだけ》の事《こと》より出来《でき》ぬのであるが、早《はや》く改心《かいしん》して心《こころ》を入《い》れ替《か》えんと、他《ほか》の取次《とりつぎ》に気《き》の毒《どく》である。何《なに》も彼《か》も神様《かみさま》は御存《ごぞん》じであれども、人民《じんみん》は隠《かく》れた事《こと》は見《み》えぬから、人民《じんみん》には雪隠《せっちん》で饅頭《まんじゅう》喰《く》った様《よう》な顔《かお》しておりても、神様《かみさま》にかえりて辱《はず》かしいないか。又吾心《またわがこころ》に辱《はず》かしいはないか。暗《くらがり》の世《よ》の中《なか》で知《し》れんと思《おも》うても、高天《たかま》の原《はら》は隅《すみ》々まで見《み》え透《す》くから。

第四十八

艮《うしとら》の金神《こんじん》出口《でぐち》の神《かみ》は、「地主《じぬし》、資本家《しほんか》は天賊《てんぞく》なり」と申《もう》され、於与岐《およぎ》の仙人吉崎《せんにんよしざき》氏《し》は、「国《くに》の賊《ぞく》なり」と申《もう》され、ブルウドン（＝1809〜65。フランスの無政府主義者）という人《ひと》は、「財産《ざいさん》は強奪《ごうだつ》の結果《けっか》なり、地主《じぬし》、資本家《しほんか》は盗賊《とうぞく》なり」というておるが、こんな説《せつ》を唱《とな》えても、三、四十年前《ねんまえ》には寝言《ねごと》の余《あま》りか戯言《たわごと》かと申《もう》して、誰一人《だれひとり》聞《き》くものがなかったが、艮《うしとら》の金神出口《こんじんでぐち》の神《かみ》が現《あらわ》れて、二度目《どめ》の世《よ》の天《あま》の岩戸《いわと》が開《あ》ける時節《じせつ》が来《き》たので、追々《おいおい》と世界《せかい》の経済家《けいざいか》に気《き》が付《つ》いて来《き》て、今《いま》まで寝言囈言《ねごとうわごと》と言《い》われた説《せつ》が、艮《うしとら》の金神《こんじん》の御代《みよ》になると、この上《うえ》なき真《まこと》の説《せつ》になって来《く》るのでござる。世界中《せかいじゅう》から社会主義者《しゃかいしゅぎしゃ》が出《で》て来《く》るのも、皆神《みなかみ》が蔭《かげ》からの御仕組《おしぐみ》でござる。天《てん》から一視同仁《いっしどうじん》の眼《め》で見給《みたも》うた時《とき》は、地主《じぬし》・資《し》本家《ほんか》なるものは、法律外《ほうりつがい》の大盗人《だいぬすっと》でござる。自《みずか》ら盗賊《とうぞく》ということを知《し》らずして、盗賊《とうぞく》になりて居《お》るのでござる。

地主《じぬし》、資本家《しほんか》というものは、何《なん》の徳《とく》あり、何《なん》の権利《けんり》あり、何《なん》の必要《ひつよう》がありて、この世《よ》に羽張《はば》らしておかんならんものであろうか。この盗人《ぬすっと》を保護《ほご》する為《ため》に法律《ほうりつ》を拵《こしら》え、多数《たっぴつ》に官吏《かんり》を養《やしの》うておかねばならぬであろうか。この盗人《ぬすっと》を好《す》きすっぽうにさして、多数《たすう》の人民《じんみん》は何時《いつ》も難儀《なんぎ》ばかりして、泥《どろ》へ転《ころ》げ落《お》ちて苦《くる》しんでも、この盗人《ぬすっと》を飼《か》いはなしておかねばならぬであろうか。怪《け》しからぬ次第《しだい》ではござらぬか。艮《うしとら》の金神《こんじん》出《で》口《ぐち》の神《かみ》は、「何時《いつ》までも世《よ》は持《も》ち切《き》りにはさせんぞよ」とのおん示《しめ》しであるから、天《てん》地《ち》の大賊共《だいぞくども》、二度目《どめ》の世《よ》の立替《たてかえ》が始《はじ》まりたら、深《ふか》い罪科《めぐり》が一度《ど》に起《お》きて来《き》て、じりじり悶《もだ》えをして苦《くる》しむ者《もの》が大分《だいぶ》出来《でき》るなれども、天《てん》からの時節《じせつ》が来《く》るのであるから、是非《ぜひ》はござらぬ。

第五十

理学《りがく》・科学《かがく》が日《ひ》に増《ま》しに進《すす》んで、今《いま》の人民《じんみん》は上表《うわべ》ばかりを大事《だいじ》にして、神界《しんかい》の鍵《かぎ》を以《もっ》て神界《しんかい》の秘密《ひみつ》をさっぱり覚《おぼ》えた如《ごと》く、何処《どこ》も彼《か》も黄金世界《おうごんせかい》になりて、上《うえ》からはこの上《うえ》なく立派《りっぱ》にあれども、肝腎《かんじん》の日本魂《やまとだましい》を外国人《がいこくじん》に抜《ぬ》かれてしもうておる故《ゆえ》に、こんな悪《あく》党《とう》な地獄《じごく》の様《よう》な国《くに》になりて、人民《じんみん》は皆鬼《みなおに》ばかりに落《お》ちてしもうたのでござる。我《わ》が田《た》へ水《みず》を引《ひ》く鬼《おに》ばかりで、この神国《かみくに》へ、耶蘇教《やそきょう》に仏教《ぶっきょう》その他色々《たいろいろ》の悪《あ》しき教《おしえ》を引《ひ》き入《い》れて、国《くに》を汚《けが》してしもうて、日本《にほん》をさっぱり畜類《けだもの》ばかりの国《くに》に落《おと》したのは、今《いま》までの神《かみ》さんに神力《しんりき》が薄《うす》かりたからでもあるが、人民《じんみん》の魂《たましい》が腐《くさ》りたからである。

今《いま》の世《よ》は上面《うわつら》は立派《りっぱ》で、汽船《きせん》、汽車《きしゃ》、電信《でんしん》の如《ごと》き交通機関《こうつうきかん》はすっかり整《ととの》うて、何《ど》処《こ》から何処《どこ》までも便利《べんり》がよいけれども、世界中《せかいじゅう》の人《ひと》の魂《たましい》が皆畜類《みなけもの》に落《お》ちてしもうて、我《われ》さえ良《よ》けらよいと云《い》う者《もの》ばかりであるから、この儘《まま》にしておいては国《くに》が潰《つぶ》れるから、天地《てんち》の大神《おほかみ》より二度目《どめ》の立替《たてかえ》をなさるについて、今度《こんど》の日本魂《やまとだましい》の種《たね》に変性男子《へんじょうなんし》の種《たね》のみたまを隠《かく》しておいて、この世《よ》を水晶《すいしょう》に洗濯《せんたく》するため、昔《むかし》から生《い》きかわり死《し》にかわり、変性男子《へんじょうなんし》のみたまに苦労《くろう》ばかりをさせなさったのでござる。今《いま》の世《よ》は、衣食住《いしょくじゅう》の三つには無理《むり》に奢《おご》りさがして、上《うえ》から下《した》まで、もうこの上《うえ》に上《あ》がり様《よう》が無《な》き様《よう》に悪《あく》が蔓《はびこ》りて、この世《よ》が持《も》てん様《よう》になって共喰《ともぐ》いをする様《よう》になる。否既《いなすで》に共喰《ともぐ》いを始《はじ》めておるから、この儘《まま》においたら世界《せかい》が総潰《そうつぶ》れになりてしまうから、明治《めいじ》25年《ねん》からこの世《よ》の罪《つみ》を、出口《でぐち》の神《かみ》が現《あらわ》れて日々天地《ひびてんち》へお詫《わ》び遊《あそ》ばして、世界《せかい》を助《たす》けるために、艱難辛《かんなんしん》苦《く》をお厭《いと》いなく嘗《な》め給《たも》うぞ有難《ありがた》き。

第五十一

政府《せいふ》が無闇《むやみ》に国民《こくみん》に浅薄《せんぱく》な智育《ちいく》と学問《がくもん》を奨《すす》めて、博士《はかせ》や学士《がくし》を筍《たけのこ》の様《よう》につくつくと殖《ふ》えて来《き》て、仕事《しごと》もせずに小理屈《こりつく》ばかり云《い》うて飯《めし》を喰《く》うものがバチルス（＝或る事物につきまとって、その利を奪い、害するもの。）の様《よう》に湧《わ》いて来《き》て、日本《にほん》の元《もと》からの神《かみ》の教《おしえ》は棚《たな》に上《あ》げてしもうて、外国《がいこく》の教《おしえ》ばかりに魂《たましい》を抜《ぬ》かれておるので、こんな畜生原《ちくしょうばら》に堕落《だらく》してしもうたのでござる。

この儘《まま》に世《よ》の立替《たてかえ》がなかったなら、まだまだ悪《わる》くなりて来《き》て、人《ひと》が人《ひと》を喰《く》う様《よう》になり、山《やま》も田畑《たはた》も青《あお》い物《もの》はなしになりて、世界《せかい》が丸裸《まるはだか》に遠《とお》からずのうちになりて来《く》るから、そうなりては天地《てんち》へ対《たい》して申訳《もうしわけ》がないから、艮《うしとら》の金神《こんじん》出口《でぐち》の神《かみ》がこの世《よ》をさっぱり立替《たてか》えて、元《もと》の水晶《すいしょう》の松《まつ》の世《よ》にして、天地《てんち》の大神様《おほかみさま》へお渡《わた》しなさる時節《じせつ》が来《く》るのでござるから、みたまの洗濯《せんたく》が一等《とう》。

第五十二

今《いま》の政府《せいふ》の行《や》り方《かた》は、恰度放蕩息子《ちょうどほうとうむすこ》の行《おこな》い同様《どうよう》である。放蕩息子《ほうとうむすこ》が、血気《けっき》に任《まか》して後先見《あとさきみ》ずに、一時《いっとき》の欲《よく》を充《み》たさんがために郭《くるわ》へ浮《う》かれ込《こ》んで騒《さわ》ぎ廻《まわ》して、揚句《あげく》の果《はて》は梅毒《ばいどく》が移《うつ》りて、身体中《からだじゅう》に毒《どく》が沁《し》み込《こ》んで骨《ほね》がらみになるのを知《し》らんと喜《よろこ》んでおる様《よう》なもので、国民《こくみん》に浅薄《あさはか》な小理屈学問《こりつくがくもん》ばかりを稽古《けいこ》さして、日本《にほん》の国体《こくたい》に合《あ》わぬ事《こと》でもどしどし教《おし》えて、神信心《かみしんじん》などはちっとも勧《すす》めぬばかりか、

——◇◇◇——

○はらわたも断《き》れなんばかり苦《くる》しけれ
　御《み》国《くに》のために道《みち》開《ひら》く身《み》は　　王仁

信仰《しんこう》する者《もの》は迷信《めいしん》とか、馬鹿《ばか》とか何《なん》とか人間《にんげん》の様《よう》に思《おも》うておらぬので、日本人《にほんじん》の愛国《あいこく》心《しん》が日《ひ》に増《ま》しに無《な》くなりて来《き》て、益々国《ますますくに》の中《なか》へ毒《どく》が廻《まわ》るばかり、これでは日本《にほん》は亡《ほろ》びるより外《ほか》はないのである。

今《いま》の政府《せいふ》も人民《じんみん》も、金《かね》さえありたら国《くに》は立《た》ち行《ゆ》く、神《かみ》も何《なに》も要《い》らんものの様《よう》に皆《みな》が思《おも》うて居《お》るが、神《かみ》がなくてこの世《よ》が治《おさ》まるか。

そんな精神《せいしん》ではこの世《よ》は続《つづ》くまい。日本《にほん》も最早梅毒《もはやばいどく》が骨《ほね》まで沁《し》み込《こ》んで来《き》たから、潰《つぶ》れるより外《ほか》は無《な》いが、この国《くに》が潰《つぶ》れたら、肉体《にくたい》もみたまも行《ゆ》く所《ところ》が無《な》くなるから、今《いま》のうちにこの日本《にほん》を直《なお》す薬《くすり》を天《てん》からお下《くだ》しなされてござるから、日本《にほん》の人民《じんみん》は、この薬《くすり》を求《もと》めて国家《こっか》のために尽《つく》さねばならぬでござる。その薬《くすり》というのは、三千世界《さんぜんせかい》に唯一所《ただいっかしょ》ある竜宮館《りゅうぐうやかた》の高天原《たかあまはら》の変性男子《へんじょうなんし》の御教《みおしえ》（＝神諭）が、この世《よ》の病《やまい》を直《なお》す薬《くすり》でござる。心悪《こころあ》しき人民《じんみん》が戴《いただ》けば、直《す》ぐにみたまの洗濯《せんたく》が出来《でき》て来《き》て、善《ぜん》にかえり、病《やまい》はすっくり直《なお》る。又《また》これを日本《にほん》の国《くに》に飲《の》ましたら、日本魂《やまとだましい》がむくむくと起《お》きて来《き》て、日《に》本神国《ほんみくに》の元《もと》の水晶国《すいしょうぐに》に立替《たてか》わる尊《とうと》い天《てん》の御薬《みぐすり》でござる。

筆のしづく　第四の巻

第五十九

日《ひ》の本《もと》のやまと言葉《ことば》が、中古《ちゅうこ》に漢字《かんじ》と仏《ぶつ》とが這入《はい》り来《き》たため、さっぱり乱《みだ》れてしもうて、漢語半分《かんごはんぶん》、大和言葉《やまとことば》が半分《はんぶん》という様《よう》になって、今迄《いままで》それが習慣《ならわし》になって来《き》てお るので、今《いま》はどうしても、大和言葉《やまとことば》ばかりでは話《はなし》が出来《でき》ぬ様《よう》になって、何《なに》一つ言《い》うてもまぜこぜで、日本《にほん》の元《もと》からの言葉《ことば》が追々《おいおい》となくなって行《ゆ》くのは、慨《なげ》かわしきことでござる。

◆日本の大和言葉について、日本語の変遷は古い。『神と宇宙の真相』第七章「言霊と宇宙」（みいづ舎刊）に弥生時代の第10代崇神天皇の頃に渡来人が多くなり、儒教、道教、そして仏教伝来と共に漢人等の技術者、僧侶が渡来し漢字を広めた事により、日本の言葉が外来語まじりに大きく変化したことが判る。丁度現代に横文字が急増し、日本語がまぜこぜになっているのに似ている。そして疫病が蔓延、死者、犯罪者が増加し軍隊を組織して、四道将軍を派遣、日本に税制を導入する。

第六十

小村外務大臣《こむらがいむだいじん》（＝1855～1911年。第一次桂内閣の外務大臣。日露戦争前後の対外交渉を行う）と露国公使《ろこくこうし》ローゼンとが、何時《いつ》まで歯切《はぎ》れのせない談判《だんぱん》を愚図々々《ぐずぐず》やって居《お》るが、何時《いつ》も知《し》らす通《とお》り、口先《くちさき》では、露《ろ》国《こく》ばかりは行《ゆ》かぬぞ。いきなり横面《よこつら》をぶんなぐって、彼《か》の東洋艦隊《とうようかんたい》を目茶目茶《めちゃめちゃ》に叩《たた》き潰《つぶ》して、手《て》も足《あし》も動《うご》かぬ様《よう》にしてやらねば駄目《だめ》じゃ。何《ど》んな堅《かた》い条約《じょうやく》を取《と》りかわしたとて、畜生《ちくしょう》との条約《じょうやく》は反古同然《ほごどうぜん》。益々増長《ますますぞうちょう》して日本《にほん》の前途《ぜんと》を危《あや》うくすることばかり。その間《あいだ》に又他《またた》の列国《れっこく》から色々《いろいろ》な干渉《かんしょう》がはいりて、日本《にほん》は目《め》のまわる様《よう》な目《め》に合《あわ》されるぞ。遂《つい》に日本《にほん》の為《な》すなきを侮《あなど》りて、旗色《はたいろ》を見《み》て露国《ろこく》の味方《みかた》をする様《よう》になって来《く》るから、今度《こんど》は露国《ろこく》がどれだけ甘《あま》い事申《こともう》しても、その口車《くちぐるま》には乗《の》れんぞ。露国《ろこく》は日本《にほん》を小国《しょうこく》と侮《あなど》りきっておるから、三寸《ずん》の舌《した》の先《さき》で日本国民《にほんこくみん》をおもちゃにしておるのであるから、早《はや》く日本魂《やまとだましい》を掘《ほ》り出《だ》して、露国《ろこく》の胸板《むないた》を打《う》ち抜《ぬ》いてやるべしだ。

出口《でぐち》の神《かみ》の御教《みおしえ》に、今度《こんど》の兵隊《へいたい》は余程《よほど》気《き》の毒《どく》とあるから、この前《まえ》の日清戦争《にっしんせんそう》とは骨《ほね》が折《おり》れるが、然《しか》し日本《にほん》の軍人《ぐんじん》を半分《はんぶん》あまり潰《つぶ》す覚悟《かくご》でかかりてみよ。さあ叶《かな》わんというところで、この高天《たかま》の原《はら》から後見《こうけん》をしてやるぞ。九分《ぶ》九厘《りん》のところまで、人民《じんみん》やこれまでの守護神《しゅごじん》にやらしてみんと、艮《うしとら》の金神《こんじん》の御神力《ごしんりき》が分《わか》らんから、一旦《いったん》は随分危《ずいぶんあぶ》ない所《ところ》まで行《ゆ》くぞ。

王仁三郎《おにさぶろう》の手《て》にて、守護神《しゅごじん》に『筆《ふで》のしづく　一の巻』に於《おい》て、愛国《あいこく》のセントベエトルスボルグ（=サンクトペテルスブルグ。バルト海に面したロシアの港湾）の日露談判《にちろだんぱん》を、日本《にほん》の東京《とうきょう》でやる様《よう》に気《き》を付《つ》けておいたら、気《き》が付《つ》いたか、この頃《ころ》そろそろ東京《とうきょう》でやり出《だ》したが、余程確《よほどしっか》りかからんと、又何《またなん》とか彼《か》んとか云《い》うて吊《つ》らくられて、終《つい》には馬鹿《ばか》にしられるぞ。守護神《しゅごじん》も一つ確《しっか》りと当局者《とうきょくしゃ》の霊魂《れいこん》を鞭達《べんたつ》して、一日《にち》も早《はや》く開戦《かいせん》をやらせるがよいぞ。如何《どう》しても今度《こんど》ばかりは、戦争《せんそう》するより外《ほか》に天下泰平《てんかたいへい》の途《みち》はないぞ。早《はや》く戦争《せんそう》をやるべし、やるべし、やるべし。後《あと》は高天原《たかあまはら》の神《かみ》が引受《ひきうけ》るから、腹《はら》をきめて攻《せ》めかけてやるよりよい途《みち》はないぞ。王仁三郎《おにさぶろう》、気《き》が急《せ》けて堪《たま》らぬぞよ。

第六十一

人民《じんみん》の生活《くらし》がさっぱり頂上《ちょうじょう》へ昇《のぼ》り詰《つ》めて、もうこの先《さき》はちっとも行《ゆ》けんということが、世界人民《せかいじんみん》にソロソロ気《き》が付《つ》いて来《き》て、彼方《あちら》や此方《こちら》から倹約々々《けんやくけんやく》というて喧《やかま》しく騒《さわ》ぎ出《だ》したが、その倹約《けんやく》の仕方《しかた》が分《わか》らんので、肝腎《かんじん》の要《い》らんならんものを始末《しまつ》して、要《い》らんことに無益《むえき》の金《かね》を使《つこ》うて気《き》が付《つ》かぬ人民《じんみん》ばかりであるが、この大本《おほもと》から倹約《けんやく》の鑑《かがみ》が出《だ》してあるから、それを守《まも》りて行《ゆ》けば、別《べつ》に不要《ふよう》な金《かね》を使《つこ》うて、心配《しんぱい》をするには及《およ》ばぬのでござる。

一体日本《たいにほん》には着物《きもの》を無闇《むやみ》に奢《おご》る（＝思い上がってわがままな振舞をする）癖《くせ》があって、それが昔《むかし》からの習《なら》慣《わし》になって来《き》ておるので、着物《きもの》ばかりは倹約《けんやく》が出来《でき》んものの様《よう》に思《おも》うて、取損《とりそこな》いをして居《お》るのでござる。

先《ま》ず夏《なつ》が来《く》ると、男《おとこ》は、はやり出《だ》しの絽《ろ》の羽織《はおり》を買《こ》うて着《き》る。それから暑中《しょちゅう》になると、また紗《しゃ》の羽織《はおり》を買《こ》うて着《き》る。その次《つぎ》に、一月二月《ひとつきふたつき》せんうちにソロソロ単衣羽織《ひとえばおり》（＝裏をつけない羽織）を着《き》る。又《また》それから冬《ふゆ》の厳寒《げんかん》までには、袷羽織《あわせばおり》（＝裏地をつけた羽織）に綿入羽織《わたいればおり》、その上《うえ》奢《おご》るものは二重《にじゅう》マントという調子《ちょうし》で、年《ねん》が年中着替《ねんじゅうきが》えてばかり。又着物《またきもの》においても、単衣《ひとえ》に浴衣《ゆかた》・帷子《かたびら》・袷《あわせ》・綿入《わたいれ》と、これも時《とき》々につれて着換《きが》える。そうして祝儀衣裳《しゅうぎいしょう》とか、他所行《よそゆ》きとか、常着《ふだんぎ》とか、控《ひか》えとか云《い》うて、紋付《もんつき》に縞物《しまもの》の区別《くべつ》を拵《こしら》えて、三通《みとお》りも四通《よとお》りも拵《こしら》え、袴《はかま》に羽織《はおり》まで四季々《しきしき》のものを着換《きが》える。その上《うえ》に、洋《よう》服《ふく》一式位整《しきくらいととの》えんことには、辱《はず》かしがって他所《よそ》へも能《よ》う出《で》んという始末《しまつ》。頭《あたま》にかぶるものも、足《あし》の爪先《つまさき》から、帯《おび》から、襟巻《えりまき》から蝙蝠傘《こうもりがさ》まで、四季々《しきしき》に合《あ》うものと換《か》える。その上《うえ》、懐中時計《かいちゅうどけい》に金《きん》の指環《ゆびわ》に金《きん》の入歯《いれば》、でけさく（＝性質が悪い、愚か者）は又《また》そこへ金縁《きんぶち》の眼鏡《めがね》という調子《ちょうし》。こんな事《こと》して居《お》りて、どれだけ働《はたら》いたとて、どれだけ金《かね》を儲《もう》けたとて、着類《きるい》の奉公《ほうこう》ばかりで、続《つづ》く気遣《きづかい》がござらぬ。

その癖今《くせいま》の織物《おりもの》は、ための悪《わる》い弱《よわ》いものばかりで、倉《くら》へしもうて大事《だいじ》に片付《かたづ》けておいても、ひとり色《いろ》が剥《は》げたり、虫《むし》が喰《く》ったり、碌《ろく》なものはないので、長持《ながも》ちは致《いた》さぬのでござる。男《おとこ》でさえそれ位《くらい》であるから、女《おんな》となっては筆《ふで》にも紙《かみ》にも尽《つく》せぬいりよう（＝出費。入用）で、頭《あたま》から足《あし》の爪先《つまさき》まで、ぴかぴかと阿弥陀《あみだ》の様《よう》に身分《なり》ばかり粉《やっ》して、ヘナヘナしておるから堪《たま》らんではないか。日本《にほん》の国《くに》は、それだけ何《なん》べんも時々《ときどき》に着物《きもの》を着換《きが》えんと身体《からだ》が持《も》てんという様《よう》な国《くに》ではないが、これは身体《からだ》の着《き》るのではなくして、詰《つま》り上面《うわつら》ばかりを飾《かざ》る悪習慣《あくしゅうかん》が、昔《むかし》からまだ失《うしな》さらんからでござる。

こんな事《こと》を何時《いっ》までも改《あらた》めずにおいたら、日本《にほん》の国家《こっか》が亡《ほろ》びるより外《ほか》はないから、これを第《だい》一に日本《にほん》は立替《たてか》えねばならぬというて、艮《うしとら》の金神《こんじん》出口《でぐち》の神《かみ》が竜宮館《りゅうぐうやかた》に現《あらわ》れ給《たま》いて、世界《せかい》の人民《じんみん》の奢侈《おご》りを止《と》めさして心安《こころやす》くなる様《よう》に、世界《せかい》に先達《さきだ》ちて実地《じっち》を自《みずか》ら遊《あそ》ばして、鑑《かがみ》をお出《だ》し遊《あそ》ばすので、誠《まこと》に勿体《もったい》なき事《こと》でござる。出口《でぐち》の神《かみ》のお召《めし》物《もの》は、何時《いつ》も木綿《もめん》のばちばち（＝糊付けした衣類のこと）で、つもり（＝頭）は油《あぶら》をお使《つか》いなされるということはなし。元結《もとゆい》の代《かわ》りに、紙縒《こよ》りやら藁《わら》すべにておぐしを束ねられ、下駄《げた》は栗《くり》の木下駄《きげた》に、藁《わら》や竹《たけ》の皮《かわ》の鼻緒《はなお》をおつけなされ、又旅《またたび》をなさるには、茣蓙《ござ》を着《き》て菅笠《すげがさ》を被《かぶ》り、梅《うめ》の杖《つえ》をついてお出《い》で遊《あそ》ばすのを、教《おしえ》の子等《こら》が皆揃《みなそろ》うて下々《しもじも》へ及《およ》ぼして行《ゆ》くので、信者《しんじゃ》のうちにも余程御教《よほどみおしえ》を学《まな》ぶものが出来《でき》て来《き》て、実《じつ》に結構《けっこう》な事《こと》である。又《また》若《わか》い女《おんな》の頭《あたま》は、束髪《そくはつ》かばい巻《ま》きにして手軽《てがろ》うして、櫛《くし》、笄《こうがい》、簪《かんざし》に金《かね》を使《つか》わぬ様《よう》にきめて、年《とし》が寄《よ》れば棕櫚《しゅろ》の毛《け》なぞで引《ひ》き括《くく》りにしておけばよいので、神様《かみさま》からの御教《みおしえ》であるから、綾部《あやべ》の大本《おほもと》から鑑《かがみ》を出《だ》された事《こと》は、皆《みな》その通《とお》りになりて来《く》るのである。今《いま》までは笑《わら》う者《もの》ばかりであれども、今《いま》に笑《わろ》うて居《お》れんことになって来《く》るのでござる。

今《いま》の人民《じんみん》は身分《なり》ばかりを粉《やっ》して、肝心《かんじん》の魂《たましい》を美《うるわ》しくせぬ故《ゆえ》に、心《こころ》に虫《むし》が湧《わ》いて、日本魂《やまとだましい》を虫《むし》が喰《く》うてしもうて、ヘナヘナ腰抜《こしぬ》け人民《じんみん》の弱虫《よわむし》ばかりで、まさかの時《とき》の間《ま》に合《あ》うものは、皆目《かいもく》ない様《よう》になってしもうたのである。それでこの大本《おほもと》から鑑《かがみ》を出《だ》して、日本魂《やまとだましい》の種《たね》を拵《こしら》えて、今度《こんど》の二度目《どめ》の世《よ》の立替《たてかえ》の御用《ごよう》にお使《つか》いなさる、結構《けっこう》な変性男子《へんじょうなんし》出口《でぐち》の神《かみ》のおん仕組《しぐみ》で、有難《ありがた》き限《かぎ》りなき結構《けっこう》でござる。

第六十四

家内中《かないじゅう》が打揃《うちそろ》うて、睦《むつ》まじゅう笑《わろ》うて暮《くら》した家《いえ》が、婿《むこ》とか嫁《よめ》とかを貰《もろ》うてから、うって変《かわ》って家《いえ》の中《なか》が六ケ敷《むつかし》ゅうなりて来《き》て、終始小言《しじゅうこごと》が絶《た》えん様《よう》になりて来《く》るのが六、七分通《ぶどお》りあるが、これは又如何《またどう》した訳《わけ》であろうか。

可愛《かわい》い息子《むすこ》の嫁《よめ》なら、親《おや》はそれを我子《わがこ》も同《おな》じ様《よう》に可愛《かわい》い筈《はず》でなければならぬのに、嫁《よめ》が来《き》てから我子《わがこ》までが憎《にく》うなりて来《き》て、敵《かたき》の様《よう》になりて、若夫婦《わかふうふ》の顔《かお》を見《み》るのも嫌《いや》じゃというて、老人夫婦《としよりふうふ》が別家《べっけ》をしたり、死際《しにぎわ》に世話《せわ》にならねばならぬ大切《たいせつ》な婿《むこ》や嫁《よめ》が気《き》に入《い》らぬというては、親《おや》から家《いえ》を飛《と》び出《だ》したりするものがあるが、何処《どこ》の親《おや》でも、年《とし》が寄《よ》りてから我子《わがこ》の側《そば》を離《はな》れて苦労《くろう》は仕度《したく》くないのに極《き》まっておるが、詰《つま》り若《わか》い者《もの》が悪《わる》いからである。息子《むすこ》は嫁《よめ》にまこれる（＝仲良く時間を過ごすこと）とか、娘《むすめ》が婿《むこ》にまこれるとかで、肝腎《かんじん》の親《おや》を粗末《そまつ》にして、是《これ》までの事《こと》を忘《わす》れて、年《とし》の寄《よ》りた親《おや》を何《なん》とも思《おも》わずに、若《わか》い者《もの》が腹《はら》を合《あわ》して身勝手《みがって》ばかりするから、親《おや》が堪《たま》らん様《よう》になって、是非《ぜひ》なく飛《と》び出《だ》すのである。

老人《としより》というものは家《いえ》の宝《たから》で、昔《むかし》から長《なが》い間経験《あいだけいけん》を積《つ》んで来《き》て、世《よ》の中《なか》の味《あじ》を酸《すい》いも甘《あま》いも皆知《みなし》れておる故《ゆえ》、どうぞ我子《わがこ》には不調法《ぶちょうほう》はさせともないという可愛《かわい》さから、心底《しんそこ》から意見《いけん》をすると、おれが若《わか》い者《もの》の気《き》に入《い》らぬので、「天保親爺《てんぽうおやじ》が何《なに》を豪《えら》そうに、昔《むかし》と今《いま》とは時節《じせつ》が違《ちが》う。英国《えいこく》とでも同盟《どうめい》する様《よう》になった今日《こんにち》の日本人民《にほんじんみん》が、そんな馬鹿《ばか》な事云《ことい》うて貰《もら》うと、世間《せけん》から笑《わら》われるから、なりが悪《わる》い。老人《としより》なら老人《としより》らしくして、余《あま》り差《さ》し出《で》んとおとなしくして、座敷《ざしき》へでもすっこんでいなさい。何時《いつ》までも棺《かん》桶《おけ》へ片足突込《かたあしつっこ》んでおりて頑張《がんば》ると、憎《にく》まれて損《そん》じゃ」と、親《おや》を有《あ》る甲斐《かい》なしにしてしもうて、ため（＝わけ。原因）のよいことというて貰《もろ》うても、逆様《さかさま》に悪《わる》うとり、親《おや》には怖《こわ》い面《つら》を見《み》せてけんけん言《い》い出《だ》すばかりか、ソロソロ親《おや》が五月蠅《うるそ》うなりて来《き》て、もと親類《しんるい》にでも遊《あそ》びに行《い》って呉《く》れたら、三日《か》でも助《たす》かるという様《よう》な様子《ようす》を見《み》せる。若《わか》い夫婦《ふうふ》が腹《はら》を合《あわ》してそんな具合《ぐあい》に仕向《しむ》けられると、何程力《なにほどちから》に思《おも》うて大事《だいじ》にして育《そだ》てた我子《わがこ》でも憎《にく》うなりて来《き》て、同《おな》じ宅《うち》におるのが嫌《いや》になりて来《く》るのである。親子《おやこ》の仲《なか》が悪《わる》いのは、皆子《みなこ》の罪《つみ》である。子《こ》が行届《ゆきとど》かぬからである。親《おや》の大恩《たいおん》を忘《わす》れてしまうからである。

又親《またおや》から出《で》るのは辛抱《しんぼう》がなるとして、斯《こ》ういうのがある。老人《としより》がごでごでいうのが五月蠅《うるさい》というて、来《き》た嫁《よめ》と一つになりて、老人《としより》を宅《うち》に放《ほ》かしておいて、若夫婦《わかふうふ》が飛《と》んで出《で》て両親《ふたおや》を泣《な》かしたり、たった一人《ひとり》の親《おや》さえ辛抱《しんぼう》が出来《でき》んというて婿《むこ》が里《さと》へ帰《かえ》ると、娘《むすめ》が親《おや》を捨《す》てて世間《せけん》の恥《はじ》も忘《わす》れて従《つ》いて行《いっ》たり、嫁《よめ》が嫌《きら》いじゃというて里《さと》へ帰《かえ》ると、息子《むすこ》が又肝腎《またかんじん》の親《おや》を棄《す》てておいて嫁《よめ》に従《つ》いて出《で》たり、誠《まこと》に人間《にんげん》の所作《しょさ》とは思《おも》われぬ情《なさ》けなき次第《しだい》である。誠《まこと》の道《みち》を知《し》る息子《むすこ》や娘《むすめ》なら、親《おや》の気《き》に入《い》らぬ婿《むこ》や女房《にょうぼ》なら何程《なんぼ》子《こ》が出来《でき》てからでも、去《い》なれようが何《ど》うしようが構《かま》わず、親《おや》の心《こころ》に叶《かの》うたものでなければおかんのである。けれども今《いま》の世《よ》は、さっぱり世《よ》が曇《くも》りてしもうて、親孝行《おやこうこう》ということは夢《ゆめ》にも思《おも》わぬからである。こんな人民《じんみん》ばかりであるから、神《かみ》の教《おしえ》が耳《みみ》へ這入《はい》りそうなことはないのである。又中《またなか》には、どもこもならん親《おや》があれども、詰《つ》まり両方《りょうほう》が悪《わる》いからである。

古《ふる》い狂歌《きょうか》に、

嫁《よめ》いじる姑《しゅうと》め婆《ばあ》さん憎《にく》けれど嫁《よめ》も可愛《かわい》い面付《つらつ》きはせず

第六十五

政府《せいふ》は何《なに》を何時《いつ》までも愚図々々《ぐずぐず》しているのか。露国《ろこく》を相手《あいて》にして談判《だんぱん》したとて、堅《かた》い約定《やくてい》したとて、屁《へ》の突張《つっぱ》りにもなりはせぬ。何《なん》とか彼《か》とかいうて一日《にち》でも暇《ひま》をいれて、その間《あいだ》に用意《ようい》をする積《つも》りであるから、一日延《にちの》びりゃ一日丈《にちだけ》の露国《ろこく》の強味《つよみ》が出来《でき》るのである。それに引替《ひきか》えて、日本《にほん》は、一日々々不利益《いちにちいちにちふりえき》な地位《ちい》に立《た》たねばならぬのである。

露国《ろこく》が戦争《せんそう》する気《き》がないというのは、ほんのここ暫《しば》らくのことで、今《いま》に海陸《かいりく》の戦備《せんび》が整《ととの》うたが最後《さいご》、どんな事《こと》を仕向《しむ》けるか分《わか》らない。今日本《いまにほん》、支那《しな》、朝鮮《ちょうせん》は、風前《ふうぜん》の灯火同然《ともしびどうぜん》である。今《いま》のうちに思《おも》い切《き》ってやりつけてしまわな臍《ほぞ》をかむとも及《およ》ばぬ様《よう》な国難《こくなん》が湧《わ》いて来《く》る。二十五万《まん》トンの軍艦《ぐんかん》は、何《なん》のために拵《こしら》えてあるか。十三師団《しだん》の陸《りく》軍《ぐん》は、何《なん》のために養《やしの》うておるのか。日本魂《やまとだましい》のない軍備《ぐんび》は屁《へ》より脆《もろ》いぞ。日本魂《やまとだましい》のない政府《せいふ》は国《くに》を誤《あやま》るぞ。誠《まこと》に今《いま》の政府《せいふ》がやる外交《がいこう》は腰抜《こしぬ》け外交《がいこう》で、国民《こくみん》は心細《こころぼそ》い次第《しだい》である。日本《にほん》は、万世一系《ばんせいいっけい》の皇室《こうしつ》と神《かみ》とがあるぞ。ビクビクせずに確《しっか》り褌《ふんどし》を緊《し》めてかかれ。高天《たかま》の原《はら》から後見《あとみ》をしてやるが、まだまだそんなことは分《わか》ろうまい。

第六十六

行政財政《ぎょうせいざいせい》の整理《せいり》は何《ど》うじゃ。浜《はま》の松風音《まつかぜおと》ばかりではないか。我身《わがみ》が可愛《かわい》い様《よう》なことでは駄目《だめ》じゃ。ほんとにやる積《つも》りなら、始《はじ》めに我生命《わがいのち》を国家《こっか》に捧《ささ》げておいてかからな、とても一通《とお》りでは鉈削《なたけず》りでは出来《でき》ぬ。小刀細工《こがたなざいく》ならせん方《ほう》が余程《よほど》ましである。政《せい》府《ふ》の大臣《だいじん》が皆弱虫《みなよわむし》ばかりで、露国《ろこく》に怖《お》じ怖《お》じしておるから、困《こま》ったものでござる。

（出口王仁三郎《でぐちおにさぶろう》、33歳《さい》、未《ひつじ》の年《とし》、明治《めいじ》36年《ねん》8月《がつ》12日《にち》、竜宮館《りゅうぐうやかた》にてしるしはべりぬ）

筆のしづく　第十四の巻（抄）

第百二十九　たかぶかしのうた（＝高歩貸し、高利貸し）

ひたいにつのは　はへずとも
こひのふんどし　しめずとも
ひろいせかいの　ひとからは
おによあくまと　いわれつゝ
こぶつしよかしもの　かんばんに
めだまのとびでる　たかぶかし
びんぼうにんの　いきちおば
しぼりてめしを　くうがきは

ひなもみやこも　みちみてり
そもそもたかぶの　かしやうは
なまのきんなら　まだよいが
きんだかそうとの　いるいかし
しょうもんとりて　そのいるい
しちにおかして　そのかねを
二えんに一にち　二せんのり
一とつきぶんの　そんりようを

てんびきいたす　しゆだんにて
一えんかりた　そのきんは
かりてのてには　四十せん
そのうへしちの　りをはらい
ちをはくやうな　きついかね
まん一きげんに　かやさねば
えいたいとくそく　てすうりやう
りそくのほかに　一えんに
一にち二せんを　せいきうし
つまりへんさい　でけぬときや
めぼしきしなもの　なべにかま

ぜんわんるいに　いたるまで
てあたりしだい　とりあげる
おにかおろちか　おほかみか
もしとりあげた　しなものに
ねうちがないと　みたときは
ぶつぴんしやくやう　しようもんを
たてにいたくひん　ひしようした
こくそをするとて　おどすゆへ
てうえきするのが　おそろしさ
にくをそぐよな　くめんして
やつとへんさい　するゆへに

おにはいちども　そんはせず
ふところぬくう　なるばかり
さてもうさても　よのなかに
ひんほどつらい　ものあろか
いきちをしぼりて　かねためて
ひとをいじめる　ひとおには
なさへちくしようの　まきしかぞ
うへだにむらの　まさひとに
五えんかしては　十をいれ
三えんかしては　十をいれ
四十五えんの　かねかして

四百よえんと　むりおしに
ほうりつたてに　むしりどり
そのうへでんぢも　かたりとる
あくのまきしかの　かいしんを
させてつみをば　たすけんと
たかまのはらの　おほもとの
しかたへいぞう　なかむらや
たけはらふさたろう　いざへもん
じんすけつれて　やまがなる
しかのすみかへ　おとづれて
ぜんあくじやせいの　みちをとき

けんがのべんにて　いろいろと
なだめつおさへつ　さとせども
いづくをかぜが　ふくらんと
そらうそぶいて　けげんがほ
たばこわ（＝輪）にふく　にくらしさ
ぜひなくあやべへ　たちかへり
五にんづれにて　けいさつや
くさいばんしょへ　しゆつとうして
じじようあかして　ねがへども
みんじなればと　はねつける
あいそもこそも　なきねいり

かへりていちいち　こまごまと
でぐちのかみに　じようしんす
そのときかみが　あらはれて
いまにわけるぞ　ひかへよと
そのみとこばに　いさみたち
一とつき二たつき　まつほどに
てんのむくいは　たちまちに
まきしかきうあく　ろけんして
めいよりだいじと　たくわへた
かねもでんぢも　いへくらも
ぜんわんはしに　いたるまで

おもいがけなき　さしおさへ
くろうてまたも　このごろは
ところのものに　きらわれて
どうやらよそへ　にげそうに
かねはからけつ　かんざえもん
なにおするにも　てもあしも
かかるとこが　ないじやくり
おにのまなこに　ふるしぐれ
こうかいしても　あきのそら

ふゆのくるのに　ぶるぶると
ふるえてよくの　かわをはぎ
おにのねんぶつ　かねたゝき
あわれをこへど　たれありて
たすくるひとは　たへてなく
あくのむくいぞ　てんばつと
わらはぬものハ　なかりけり
じつにてんとう　おそろしや

◇◇◇

○教《をしへ》とは人《ひと》の覚《さと》りの及《およ》ばざる　神《かみ》の言葉《ことば》の御告《みつげ》なりけり　王仁

第百三十一　さんせいけんのうた

およそせかいの　よのなかに
ばからしことと　もおしても
わがひのもとの　こくみんの
ふこうへいなる　さんせいけん
これにこえたる　むいみなし
それともふつう　せんきよほが
じつこうせられて　おるならば
なをさらかなり　ただいまの
にほんはのうぜい　しかくなぞ
じせいおくれの　ぐをまなび

せいぎこうだう　ごかいして
こくみん四千　五百まん
あたまのかずは　そろへども
せんきよけんの　あるものは
わずかに百まん　にんばかり
それもこうへい　せんきよほが
じつちにまじめに　かくじつに
さいようされて　百まんの
せんきよにんらが　ことごとく
だいひようにんを　いだすなら

なをさらかなり
せいとういくはいの
のこらずらくせん
しんにだいぎし
百まんにんの
わずかに五、六
そのいしだけも
ぎかいにまじめに
すいこうさるる
まだしもなれど
ぎかいにあたま

ただいまは
こうほしやは
おさだまり
だしうるは
そのうちに
十まんにん
あきらかに
だいりされ
ものなれば
だいぎしは
だすやいな

せいふのどれいと
しもこくみんの
かいさんかぜを
さいひをだいじと
おしやつんぼと
じつにばかげた
さんせいけんで
あきれてくちが
かんげんすれば
さんせいけんを
こくみんちうの

なりはてゝ
いぢとこか
おぢついて
くちをつめ
ばけかわる
こくみんは
さうらうと
ふさがなぬ
ひのもとの
ゆうするは
ごくしようす

そのしようすうの　せんきよけん
ただにぎいんの　とうひようを
とうひやうばこへ　なげいれる
その一つせつなに　とどまりて
あとはえんさん　むしようする
このていたらくで　ありながら
さんせいけんも　あるものか
しりがあきれて　くそがでる
さんせいけんに　れいあらば
てんをあをいで　なくであろ
うしとらこんじん　あらはれて

みろくとまつの　よになりて
せかいますかけ　ひきならし
かみよのぎくわい　ひらかれて
ふつうせんきよや　こうへいの
さんせいけんを　一ばんに
あたへたまわる　ときはいつ
りつけんせいじと　ほこれども
うわつらばかり　ないじつは
くんしゆせんせい　がとせいじ
やばんのいきに　うごめきて
せいじのしんぽと　ぼうがいし

わがひのもとの　いしづえを　―　けがしゆくこそ　かなしけれ
（明治36年9月26日　りゅうぐうやかたにおいて　でぐちおにさぶろ王）

筆のしづく　第十五の巻（抄）

第百四十九

我国《わがくに》の参政権位《さんせいけんくらい》、野蛮《やばん》なものはない。納税資格《のうぜいしかく》とか財産《ざいさん》の多少《たしょう》を以《もっ》て、選挙権《せんきょけん》のあるものと無《な》きものとが出来《でき》るなぞとは、サッパリ大間違《おおまちが》いな話《はなし》である。強《つよ》い者勝《ものが》ちの圧制政治《あっせいせいじ》を、立憲政治《りっけんせいじ》に改《あらた》めたる時《とき》の残《のこ》り者《もの》であるから、人智《じんち》の進《すす》むに従《したが》って、いち早《はや》く捨《す》ててしまわねば成《な》らぬのである。凡《すべ》て国家《こっか》の事《こと》を議《ぎ》するは、国家《こっか》の一般《いっぱん》の生計《せいけい》の為《ため》になる事《こと》を議《ぎ》するので有《あ》るから、納税《のうぜい》とか財産《ざいさん》とかに係《かかわ》らず、人民一般《じんみんいっぱん》に議《ぎ》会《かい》に出《い》でて相談《そうだん》をする権利《けんり》が有《あ》るから、21歳以上《さいいじょう》の青年《せいねん》には参政権《さんせいけん》を与《あた》える様《よう》に成《な》らぬと、誠《まこと》の国会《こっかい》は開《ひら》けぬ。今《いま》のは餓鬼《がき》の掴《つか》み合《あい》であるから。

（明治36年10月27日）

筆のしづく　第十六の巻（抄）

第百七十七

新年早々《しんねんそうそう》より、硬骨《こうこつ》の近衛篤麻呂公《このえあつまろこう》の薨去《こうきょ》の報《ほう》に接《せっ》す。東洋多事《とうようたじ》の今日《こんにち》、我国《わがくに》の為《ため》に惜《お》しむべし。露国《ろこく》を討《う》つと云《い》う事《こと》は公爵年来《こうしゃくねんらい》の目的《もくてき》なりしに、今《いま》や露国《ろこく》と戦《たたか》わんとするに当《あた》りて、薨去《こうきょ》せらる。アヽ、惜《おし》いかな。年末《としいま》だ四十の坂《さか》を二つ越《こ》されたる智恵《ちえ》盛《さかん》なるに、天《てん》はこの丈夫《つわもの》に年《とし》を借《しゃく》さず。ア、是非《ぜひ》もなき也《なり》。新年早々東本願寺《しんねんそうそうひがしほんがんじ》の改革沙汰《かいかくざた》、見苦《みぐる》しきかな。生《い》き如来《にょらい》とも言《い》われて御座《ござ》る法主殿《ほっすどの》が、悪所通《あくしょがよ》いの化《ば》けが露《あら》われるのが恐《こわ》さに、俄《にわか》に内局《ないきょく》の改革《かいかく》、御心痛《ごしんつう》の程《ほど》お察《さっ》し申《もう》す。教祖親鸞殿《きょうそしんらんどの》に、何《なん》の面目《めんもく》ありて顔《かお》を合《あわ》さんとするか、真宗《しんしゅう》も世《よ》の末《すえ》なるかな。

（明治37年1月8日）

◆**近衛篤麻呂公《このえあつまろこう》**　明治《めいじ》24（1891）年《ねん》の大津事件《おおつじけん》でロシア皇太子《こうたいし》ニコライが襲撃《しゅうげき》された際《さい》、貴族院《きぞくいん》を代表《だいひょう》して皇太子《こうたいし》を見舞《みま》った後《あと》、閣僚問責運動《かんりょうもんせきうんどう》を起《おこ》す。25（1892）年貴族院議長《ねんきぞくいんぎちょう》に就任《しゅうにん》。28（1859）年学習院議長《ねんがくしゅういんぎちょう》、華族《かぞく》の子弟《してい》の教育《きょういく》に力《ちから》を注《そそ》ぐ。36（1903）年退任《ねんたいにん》。五摂家筆頭《せっけひっとう》の家柄《いえがら》。

第百七十八

この頃《ころ》の新聞《しんぶん》に、アメリカ国《こく》が水兵《すいへい》を朝鮮《ちょうせん》の京城《けいじょう》へ送《おく》り、又英国《またえいこく》も近々《ちかぢか》に京城《けいじょう》へ送《おく》るとの記事《きじ》があるが、余程《よほど》八ケ間敷《やかまし》くなりかけた前兆《ぜんちょう》である。又《また》露国《ろこく》の水兵《すいへい》もこの頃《ころ》京城《けいじょう》指《さ》して入《はい》り込《こ》むので、韓国政府《かんこくせいふ》は余程狼狽《よほどうろた》えまわして居《お》ると見《み》える。然《しか》し日本《にほん》政府《せいふ》は何《なに》を愚図々々《ぐずぐず》やって居《お》るのか。早《はや》く露国《ろこく》の手《て》を切《き》って自由《じゆう》の行動《こうどう》を取《と》らぬ事《こと》には、益々露国《ますますろこく》に利益《りえき》を与《あた》えて、我国《わがくに》の不利益《ふりえき》ばかりが起《おこ》ると云《い》う事《こと》を知《し》らねば成《な》らぬ。海陸軍《かいりくぐん》の戦備《せんび》は大分整頓《だいぶせいとん》した様《よう》なれど、今《いま》の当局《とうきょく》の外交《がいこう》は、も一つ歯《は》がゆい感《かん》じがして堪《たま》らぬ。露国《ろこく》は口先《くちさき》で甘《あま》い事《こと》ばかり何時《いつ》でも言《い》うから、又欺《まただま》されな。

（明治37年1月8日　旧36年11月21日）

（『出口王仁三郎著作集』「筆のしずく」　終り）

王仁三郎『筆のしずく』（裏の神諭）出版関連略年譜（満年齢）

和暦	西暦	年齢	関連事項
天保8年	1836		1月22日（旧7年12月16日）、桐村なお、出口開祖福知山に生れる。
明治4年	1871	0	8月27日（旧7月12日）、上田喜三郎亀岡市曽我部町穴太に生れる。
明治16年	1883	12	喜三郎、穴太の偕行小学校中退、代用教員になる。
明治25年	1892		旧正月元旦、出口直神懸り、開教。
明治29年	1896	25	穴太で精乳館開業。乳牛20頭飼育。
明治31年	1898	26	3月1日、高熊山入山一週間。下山より執筆始める。王仁開教。
		27	10月8日、はじめて綾部に出口直をたずねる。
明治32年	1899	27	7月12日、出口直の招きにより、再び綾部へ。執筆書物持参。
明治33年	1900	28	1月31日、出口直の末娘・澄子と結婚。
			7月4日、冠島開き、8月2日沓島開き。
明治34年	1901	30	10月19日、開祖、弥仙山岩戸篭り。
明治35年	1902	30	1月3日、『裏の神諭』執筆。
			2月15日、『真道要義』上田喜三郎の名で発行される。

			3月7日、三代教主・出口直日（旧名上田朝野）誕生。
明治36年	1903	31	5月24日、弥仙山岩戸開き。
			6月1日、9月10日、『裏の神諭』「いろは歌」
			7月〜37年1月8日、『筆のしずく』執筆。
		32	9月27日「弥仙山」山道の案内に聖師の思いが秘められる。
			10月1日、11月3日「いろは神歌」執筆。
			10月1日、『たまの礎』（裏の神諭）。
			12月1日、「大本神歌」。
明治37年	1904	32	1月11日、『本教創世記』執筆。
			2月10日、ロシアに対して宣戦布告（日露戦争）。
			旧4月9日、『道之栞』。
			36・37（38）年、数千冊の書が焼却される。
明治38年	1905	33	1月5日、『道の大本』上田喜三郎執筆。
明治43年	1910	39	12月29日、上田喜三郎、出口家養子手続き、出口王仁三郎となる。
明治44年	1911		1月5日、澄子との婚姻届け。

大正3年	1914	42	8月1日、ドイツ、ロシアに宣戦布告。5ケ年にわたる第一次世界大戦始まる。
		43	8月『敷島新報』全42号発刊。
大正5年	1916	44	『敷島新報』『このみち』（全3号）を『神霊界』と改題、1月から10年6月まで138号出版。
		45	旧9月9日、神島開きで開祖顕真実。『神霊界』大正9年1月1日号の神諭に発表。
大正6年	1917	46	9月10日、「いろは歌」、11月3日「いろは神歌」執筆。 10月1日、「大正六年十月一日　出口聖師筆・大本小史」執筆。 12月1日、「大本神歌」。
大正7年	1918	46	1月5日、「太古の神の因縁」（裏の神諭）執筆。 4月11日〜8年9月21日、『綾部新聞』創刊〜64号 6月28日、「大本道歌」夜作。 7月7日、「筆迺随々」執筆。
		47	11月6日、出口直、83歳にて昇天。第一次世界大戦終結。

			12月15日～大正8年11月1日、『伊都能売神諭』執筆。
大正9年	1920	49	8月、「大正日々新聞社」を買収、大本幹部『神諭』による独自の立替えの論陣を張る。
大正10年	1921	49	2月12日、第一次大本弾圧事件おこる。大阪未決監に収監さる（126日間）。5月10日、懲役5年（不敬罪・新聞紙法違反）の判決、ただちに訴訟。
			6月17日、『大本神諭』の出版停止を条件に出所許可。
			8月10日、『神の国』創刊～昭和10年12月203号まで発行。
		50	10月18日、『霊界物語』口述開始。第1巻から全81巻83冊。
			10月20日、綾部本宮山に造化三神を奉斎する神殿取壊し。
大正13年	1924	52	1月5日、『錦の土産』執筆。仏典に52歳の月光菩薩下生され、衆生を済度するとある。
			2月13日、責付出獄中ひそかに日本を脱出、蒙古へ向う。大本喇嘛《ラマ》教《きょう》の経文をしたためる。（『入蒙記』）
			6月21日、パインタラで遭難に遭う。護送され大阪若松支所独房・

			横幅4尺、縦7尺強、窓は6尺上、98日間収監される。
大正14年	1925	53	2月1日〜昭和10年12月、『瑞祥新聞』創刊号〜249号まで発行。
			6月9日、人類愛善会設立。
		54	10月1日、『人類愛善新聞』創刊号〜昭和11年2月上旬316号発行。
			11月5日、『真如能光』創刊〜昭和10年12月号395号まで発行。
大正15年	1926	55	9月23日〜昭和2年7月、歌集『月光』創刊〜11号発行。
昭和2年	1927	55	2月4日〜7月20日、歌集『月明』創刊〜6号発行。
			5月17日、第一次大本事件大赦令により原審破棄、免訴となる。
		56	8月30日〜昭和10年12月、歌集『明光』創刊〜101号発行。
昭和3年	1928	56	3月3日、弥勒下生（56歳7ケ月）。
昭和3年〜7年			『二名日記』（1冊）、『東北日記』（全8巻）、『日月日記』（全13巻）、『庚午日記』（全11巻）、『更生日記』（全12巻）、『壬申日記』（全8巻）、計53冊。
昭和5年	1930	58	2月〜10年12月、月刊『昭和青年』創刊〜71号発行。
昭和10年	1935	63	8月10日、『王仁書画集』、12月5日『惟神の道』出版。

		64	12月8日、空前絶後の第二次大本弾圧事件（不敬罪、治安維持法違反）おこる。王仁三郎はじめ教団幹部含め一斉検挙3000人、土地の強制売却、全国の施設徹底壊滅。
昭和17年	1941	70	8月7日、王仁、澄子、伊佐夫6年7ケ月（2435日）保釈出所。
昭和20年	1945	74	12月8日、第二次大本弾圧事件解決報告祭。
昭和21年	1946	74	2月7日、大本を「愛善苑」として新発足、王仁・苑主となる。
			4月1日、機関誌『愛善苑』創刊号～。
昭和23年	1948	76	1月19日、出口王仁三郎昇天。
昭和24年	1949		9月～25年8月、『海潮』12号発行『神の国』へ。
昭和25年	1950		9月～31年3月、『神の国』創刊～79号。
昭和61年	1986		11月7日、出口王仁三郎を教主とする「愛善苑」再発足。

●その他歌集関係書籍　『花明山』、『彗星』、『故山の夢』、『霞の奥』、『霧の海』、「白童子」、『公孫樹』、『浪の音』、『百千鳥』、『山と海』、『伊都能売 道歌』、『言華 上・下巻』、（『東の光』）、『月照山』、『朝嵐』、『瑞月 宣伝歌集』。

あとがき

『表の神諭』明治25年旧正月に、「日本は神道、神が構わな行けぬ国であるぞよ。外国は獣類《けもの》の世、強いもの勝ちの、悪魔ばかりの国であるぞよ。日本も獣の世になりておるぞよ。外国人にばかされて、尻の毛まで抜かれて居りても、未だ眼が覚めん暗がりの世になりておるぞよ……三千世界の大洗濯、大掃除を致して、天下太平に世界を治めて、万古末代続く神国の世に致すぞよ。……」との艮の金神出現の「立替立直し」の大きな目的が示される。しかしこれに比して現界人となると少し違って来る。

○

本書『筆のしづく』（六〇）「二十二丁目」（☆116頁）、平仮名文書に秘めれた文言がある、

「お筆先の世の立替えを信じて、家や田地を売りて後で困窮するのを見るが辛さに

………、益々かたくなになり、家や田地を売る者出てきて………」という様な醜いやり方は、明治時代だけでなく狂団となるようなこの種の歴史は古い。

大陸からの渡来人により儒仏が伝来し、この世を「厭離穢土」、「火宅土」、「末法の世」「地獄極楽」をたて看板に、奈良・京の都《みやこ》の天皇家はじめ公家達の大宮人が国政を忘却して仏門に帰依して出家すると、浄土に昇るために厳しい難業苦業が待っていた。

また国費を使って巨大な仏堂を建立し、釈迦の弟子達の法会までさせていたという。当時の都は飢饉・疫病・犯罪が横行し地獄のドン底にありながら、日本は仏教国と云われるまで仏門は栄え、帰依した者は、やがて地位や家屋田畑を失い子孫達の生活は困窮する。これを「捨身活躍」と云う。

出口聖師は、宗教がやってはならぬ行為に心を痛め、側近を派遣して屋敷や田畑を買戻して信者の生活を守られる。この弱肉強食、左手にコーラン右手に剣を持つ様な宗教のやり方とは違った、勇みに勇む「舎身活躍」の教を提唱する。

☆戒律のるつぼに入れんと自由なる　人の心をしばる宗教
☆宗教は理屈にあらず情なりと　いふ真諦（＝真如。究極の真実）を知らぬしれもの

○

『裏の神諭』に平仮名文字の見出しで「弥仙山」が掲載されている。この末尾に「山道のあんない」という謎めいた案内に従って読み進めると、そこには開祖の「弥仙山の岩戸こもり」に対する痛烈な批判が伺える、その文意、

「明治34年9月の20日には、この世が暗闇《くらやみ》になると申して種油を沢山買い置きして、また信者にまで油を買わして、偉《え》らそうに言っておりたが、そんなことはないと茂穎《しげかい》（＝王仁）が申したら、敵対《てきと》うたと言うて、怒りてよその国へ出ると言われた故、上田が弥仙の神に教祖を預けるしるしに前つに畏《かしこ》き世にせんと、変性女子（王仁）が先がけて……。　明治36年9月27日　出口王仁三郎筆」

との文意が読み取れる。

この当時の「弥仙山こもり」は、信者が「この世は暗闇」と云って、昼間から提灯をつけて綾部の町を歩く非常識な行動や、種油の買いだめを諫《いさ》めても聞き入れないので、やむを得ず弥仙山の木の花咲耶姫神に開祖をあずけた、というのが真意です。

(この文書が発表されたのが『神霊界』大正9月7月21日号　本文は長文につき省略)

◯

明治36年5月24日の「弥仙山の岩戸開き」、本書(二一八)「名無し草」(☆62頁)、及び(六一)「子守唄」(☆143頁)について「名無し草」はつまらない、役に立たないとの意味がある。「気をつけよ味方の中に敵がいる」「今の世は誠が一分嘘が九分」と詠まれる。また朝野さんについて、児の寝顔には罪が無い。父の背に泣いた朝野子が、今では三代目を約束されて二十の少女《おとめ》に成長された、どうか「人の口車には乗らないように」騙されないようにと心配されている。

この「岩戸開き」の神事は、当時の教団では押込められていた国祖と、世に出ておられる木の花咲耶姫との出合い、三代になる朝野子（明治35年3月7日　誕生）を授かり四魂がそろった礼参り、即ち「国祖神（開祖）、坤の金神（聖師）、金勝要神（二代澄子）、木の花咲耶姫神（三代直霊）」の四魂が揃われたので、これから日の出輝く時期が来たとの祝いの神事です。そして木の花姫神が和合の神様とされているが、金勝要神も和合の要《かなめ》の神様です。

○

本書の（第三五）（☆82頁）では、「艮の金神が稚姫岐美命出口の神と現れ、坤の金神（王仁三郎）、大地の金神（澄子）、龍宮の乙姫を日の出神に守護させて、四魂揃うて三千世界の立替えをなさる」と書かれているので、立替はこの神様です。

物語67巻第5章「波の鼓」に、「聖教権化《せいきょうごんげ》の方便《ほうべん》に、万衆久しく止まりて、三界流転の身とぞなる、神に信従する身魂《たま》は、一乗帰命す天津国」と説明される。今まで神聖とされていた神儒仏耶の経典は方便である。この教にいつまでも執着すると現幽神三界を流転することになる。

○

本書の（一）（☆4頁）には、「総金の釜《かま》は変性男子の御魂、黄金の釜は変性女子の事でありますし」、また「龍宮の乙姫の御宝を、艮の金神が御預かり申すと記されてあるが、これは日の出の神の生き魂を預かりて二度目の世の立替えの御用に使うとの御心であります」と示されます。

○

つまり龍宮の御宝は、海の宝（ミロクの世の補助材料となる）だけでなく、日の出の神の生き魂、即ち出口王仁三郎を預かって立替の御用に使うとの意味となる。この様に『神諭』の事柄と、出口聖師の示される事柄には相違があります。

出口聖師が第一次大本弾圧事件の囹圄《れいご》から出所の条件として、当局の圧力により『神諭』の発行を停止し廃棄するとの誓約書を提出して出所されます。

『神諭』が全部悪いのではありませんが、しかし間違った解釈をすると大変なことになります。

日の出の神様についても、物語では大陸、オセアニア、アフリカ、常世の国など世界宣伝に活躍され、神の経綸を掌る神様のことで、開祖の次男・出口清吉氏の台湾での消息（日の出神）については「しんでおらぬ」と（六三）（☆153頁）に表現されております。

○

開祖の昇天（大正7年11月6日）までの「お筆さき」（半紙20万枚）から、『神諭』に移り、そして『伊都能売神諭』と変り、最後に『霊界物語』が口述されると、宇宙の造物主・神素盞嗚大神の経綸として判り易く教が統一されます。そこには人間誰しも「舎身活躍」のもとミロクの世を神と共に建設することが示されます。

第二次大本弾圧事件後の昭和20年12月、出口聖師は鳥取県の吉岡温泉を訪れ静養されると、朝日新聞大阪支局の記者が取材に来られ、「これからは大きな建物は造らない」との発言があり、古い大本の再現ではなく「新生愛善苑」がつくられます。

世の人々が霊主体従に生き、海洋万里を駆け巡り、人間だれしも舎身活躍により、真善美愛の世界を建設し、山河草木すべてが千山万水に潤ってゆくのが神素盞嗚大神様の御心です。

令和6年10月8日

みいづ舎編集　山口勝人

筆のしづく

2024年11月12日　　初版発行

著　者　出口王仁三郎

編　集　山口勝人

発　行　みいづ舎
〒621-0855 京都府亀岡市中矢田町岸の上27-6
TEL 0771(21)2271　FAX 0771(21)2272
http://www.miidusha.jp/

ISBN978-4-908065-17-0 C0014

出口王仁三郎聖師

善言美詞　祝詞解説

みいづ舎編集

●人は神の子、宇宙の縮図！
祝詞は古い、難解だ！
だが「言霊学」により新解すると、
天地の理法が容易に真解される。

宇宙の原理である一霊四魂《ひと》、八力《ふた》、三元《み》、世《よ》、出《いつ》、燃《むゆ》、地成《なな》、弥《や》、凝《ここの》、足《たり》「……天《あま》の数歌《かずうた》の神秘を解明し、神々のご活動、太祓《おおはらい》の真意義、神と人との関係、人生の目的、人類救済への政治経済教育宗教科学等の大源泉を凝縮する。「天津《あまつ》祝詞《のりと》」、「神《かみ》言《ごと》」、「感謝祈願詞《みやびのことば》」、「基本宣伝歌」の解説書。

Ｂ六判・２３４頁・定価（本体１４００円＋税）

出口王仁三郎著

古事記《こじき》　言霊解《ことたまかい》

今までの学者説をくつがえし、王仁三郎思想の真髄を提起する。著者の深き思いを込め、アマテラス（国家）とスサノオの関係を次世代に送るメッセージが読み取れる。

Ｂ六判・２７０頁・定価（本体１８００円＋税）

出口王仁三郎著

惟神《かんながら》の道《みち》〔復刻〕

昭和の初期八〇〇万の賛同者を結集、「昭和維新」運動を全国に推進したオニサブローの一〇六の論文・講話記録を掲載。出版後三日で発禁となった幻の一冊。

Ｂ六判・３７０頁・定価（本体２２００円＋税）